LA CAMPAGNE

DE PORTUGAL,

EN 1810 ET 1811.

IMPRIMERIE DE LE NORMANT.

CAMPAGNE
DE PORTUGAL,

EN 1810 ET 1811.

PAR M. PELTIER.

PARIS;

LE NORMANT, IMPRIMEUR-LIBRAIRE.

1814.

AVIS DE L'AUTEUR.

———

L'OPUSCULE que je présente aujourd'hui au public, fait partie
d'un ouvrage assez considérable,
intitulé *les Anglais dans la Péninsule*, auquel je travaillois en Angleterre, et que j'acheverai et pu-
blierai en France, lorsque les nouvelles lois organiques de la liberté
de la presse qu'on attend avec tant
d'impatience du gouvernement ré-
générateur des Bourbons, per-
mettront de faire justice de qui de
droit, et de rendre justice à qui la
mérite, sous la responsabilité de
l'auteur.

Je publiai la *Campagne de Portugal*, à Londres, en deux parties,

dans le mois de mai et dans le mois d'août 1811.

Je n'aurois pas songé à livrer ici ce fragment à l'impression, si je n'avois trouvé, à mon retour dans ma patrie, qu'on y en avoit déjà publié une moitié ; et si je n'avois vu que, malgré ma déclaration publique que j'en étois l'auteur et le propriétaire, et que j'allois donner l'ouvrage en entier (1), le contrefacteur en multiplioit les éditions sous mes yeux, en quelque sorte pour me narguer.

Les contrariétés que j'ai éprouvées pour faire paroître moi-même ce petit ouvrage, seront connues un jour ; *sed non est hîc locus.*

Je me crois autorisé, par le pillage que le contrefacteur s'est permis de faire de ma propriété, à m'em-

_____

(1) Journal des Débats du 10 mai.

parer à mon tour des éloges qu'il me donne dans son avant-propos, ainsi que des anecdotes qu'il y a insé-rées sur la crainte que le tyran de la France avoit de la publicité de cet opuscule. Je puis y ajouter que j'ai eu dans ma possession des exem-plaires de la *Campagne de Portugal* traduite en six langues : en alle-mand, en hollandais, en an-glais, en italien, en espagnol et en portugais. Ainsi, le tyran, malgré ses précautions, s'est vu démasqué en même temps d'une extrémité de l'Europe à l'autre.

Je ne répondrai pas sérieuse-ment à l'impertinente contradic-tion qui se trouve dans un passage de cet avant-propos, où l'on me re-présente en même temps comme animé par l'amour le plus pur de la vérité, et comme ayant plutôt l'es-prit d'un patriote anglais que celui

d'un Français. Je me contenterai
de dire que lorsque j'ai publié
cette esquisse, il n'y avoit que
chez les Anglais que l'on pouvoit
aimer et dire la vérité toute entière ;
que c'étoit aussi en Angleterre
qu'étoient alors l'espérance et la
fortune de France ; et que tout vrai
patriote anglais étoit essentielle-
ment bon Français. La France étoit
devenue, suivant la belle expres-
sion de M. Burke, un espace *en
blanc* dans la carte de l'Europe.
Ce qui l'avoit remplacée n'étoit
qu'un triste amagalme de victimes
et de bourreaux de toutes les nations, réunis sous le sceptre de fer
d'un brigand, infligeant aux autres
ou souffrant eux-mêmes mille maux.
On pouvoit plaindre les uns et exé-
crer les autres ; mais on ne voyoit
point là une nation. Nul ne pouvoit
tirer gloire, en aucune partie du

monde, d'être le compatriote des
brûleurs de Sarragosse et de Leyria,
tandis qu'il n'existoit pas en Europe
un seul cœur généreux qui ne fût,
et avec raison, partisan de la nation anglaise ; pas un cœur qui ne
battît au seul nom de l'immortel
Wellington ; de ce parfait modèle
de magnanimité, de désintéresse-
ment et de vertus ; de cet homme
étonnant qui, en 1812, jeté par les
circonstances jusque sur la frontière de Portugal, fut de nouveau le
principal espoir de la maison de
Bourbon et du Monde, dans cette
époque terrible, où le même jour
voyoit bombarder Cadix et empa-
queter à Pétersbourg les diamans
et les archives de la Couronne pour
les envoyer à Archangel. Mais la
Campagne de Portugal en 1810 et
1811 avoit donné le signal de ce que
le génie, le patriotisme et la cons-

tance devoient opérer en Russie ;
et ce magnifique exemple produisit
les campagnes de 1812 et de 1813 ,
qui ont amené à leur tour les heureux résultats de 1814, qui font
enfin espérer qu'avant peu l'on
pourra encore se dire Français ,
sans rougir de ce nom.

AVANT-PROPOS

DU CONTREFACTEUR DE CET OUVRAGE.

—

Lorsque cet ouvrage parut, le Moniteur et les Bulletins nommoient *Victoires* les revers que les entreprises extravagantes, et les plans inexécutables de Buonaparte, faisoient éprouver à nos braves armées. On nous répétoit chaque jour que les troupes anglaises en Portugal étoient réduites aux plus cruelles extrémités, tandis que c'étoient nos soldats qui, accablés de fatigues et de besoin, manquoient de tout; que nous allions être les maîtres du Portugal, tandis que nous étions forcés de l'évacuer par des chemins impraticables; que les conceptions de Napoléon dans cette campagne étoient le triomphe du génie du bien sur les passions malfaisantes, tandis que ces conceptions n'avoient été produites que par la fureur d'un maniaque, et par la mauvaise foi, et qu'elles offroient les résultats les plus déplorables.

L'auteur de *la Campagne de Portugal*, prit alors à tâche d'éclairer l'Europe sur tant d'impostures.

xij

Son ouvrage, composé de documens authentiques, et dicté par l'amour le plus pur de la vérité, mais dans lequel on reconnoît plutôt l'esprit d'un patriote anglais que celui d'un Français, fit la plus grande sensation chez les étrangers, et fit rugir de rage le tyran de la France. Ce dévorateur des peuples n'y voyoit pas un fait qu'il fût possible d'arguer de faux ; il frémissoit de terreur en songeant aux suites que pouvoit avoir la publicité d'un tel ouvrage. Il voulut d'abord en faire composer une réfutation par ses écrivains à gages ; mais comment réfuter ce qui est irréfutable ? Toutes les feuilles de papier que ces vils barbouilleurs noircissent ne convinrent pas au tyran ; il s'arrêta donc à la résolution d'empêcher, par tous les moyens possibles, et même sous peine de mort, l'ouvrage accusateur d'entrer et de circuler en France.

On va juger, en le lisant, si la crainte de se voir exposé à nu, sous un fanal si lumineux, étoit fondée.

L'exemplaire sur lequel nous imprimons cet écrit historique est celui-même que possédoit Buonaparte, et qu'on lui a soustrait.

CAMPAGNE

DE PORTUGAL.

Hùc usque minatus
Hærebat, retròque fugâ cedebat inerti.
CLAUD.

LORSQU'APRÈS des victoires, fruit d'une
témérité inouïe, et un armistice, fruit d'un
découragement précipité, la paix de Vienne
eut laissé au dominateur de la France la faculté d'employer tous ses efforts à compléter
l'asservissement de la péninsule, il retourna
à Paris, et porta immédiatement toute son
attention à la réussite définitive de cet acte
révoltant d'injustice et d'inhumanité.

De sa consommation dépendoit le destin
du continent. On a acquis la preuve que
l'époque de la prise de Lisbonne devoit être
celle de l'incorporation de l'Espagne, du
Portugal et du reste de l'Italie à l'Empire
français. Toutes les proclamations, messages

et arrêtés relatifs à cette nouvelle usurpation, ont été interceptés et rendus publics.

Les préliminaires de cette subversion projetée avoient été la réunion de la Hollande, des villes anséatiques et du pays d'Oldenbourg à la France.

Déjà la dénomination de l'Empire français étoit mise de côté; elle devoit être remplacée par celle de l'ancien Empire romain : les limites même de l'Empire d'occident ou de l'ouest avoient été trouvées trop bornées pour l'homme qui avoit rêvé la conquête du Monde ! Il est difficile de concevoir où se seroit arrêtée cette ambition sans frein, qui jusque-là n'avoit vu, dans ses succès, que de nouveaux mobiles pour étendre l'asservissement des Etats, pour continuer d'opérer la destruction des maisons régnantes, et consommer le malheur des peuples.

La Grande-Bretagne, fidèle à son ancien et inaltérable principe de soutenir les gouvernemens établis; la Grande - Bretagne, l'alliée constante des souverains malheureux et des peuples qui ont le courage de résister à l'oppresseur; la Grande-Bretagne, liée par des traités nouveaux et des pactes anciens

avec les peuples de la péninsule, avoit pro-
digué à ceux-ci, depuis qu'ils étoient enva-
his, tous les secours qu'ils avoient droit d'attendre de sa bonne foi, de sa générosité et
de sa munificence.

Elle leur avoit envoyé ses armées; elle
avoit rempli leurs trésors et leurs arsenaux.

Deux fois ses armes avoient délivré le
Portugal. Plusieurs des plus célèbres généraux de l'armée française, ou avoient capi-
tulé, ou s'étoient retirés des frontières du
Portugal devant une armée britannique.

Les journées de Vimeira, du Douro, de
la Corogne, et surtout celle de Talavera,
qui avoit vu rentrer honteux et fuyant à
Madrid le prête-nom royal de l'usurpation,
avoient appris à l'armée française à estimer
et à apprécier la valeur et la fermeté des
officiers et des soldats anglais.

Le seul empereur des Français cherchoit
à se faire illusion, et à imposer aux autres sa
propre déception sur les justes craintes que
lui inspiroient l'esprit public et les vastes
ressources de la Grande-Bretagne, ainsi que
la force de ses armes.

Egalement accoutumé à ébranler les

Empires par les menaces et par les effets,
par le fracas des expressions et par le bruit
du canon, par l'imprimerie et par l'artillerie,
dès avant son retour à Paris il s'étoit déjà
livré sans réserve à ses invectives accoutu-
mées.

Dans l'intervalle qui s'écoula entre l'armistice de Znaym et la paix de Vienne, il
osa écrire de son camp impérial de Schoen-
brunn : « Avant un an, les Anglais, quelques
» efforts qu'ils fassent, seront chassés de la
» presqu'île, et l'aigle impériale flottera sur
» les forteresses de Lisbonne...... Rien ne
» peut être plus avantageux pour la France
» que de voir les Anglais s'engager dans les
» guerres de terre : au lieu de conquérir
» l'Angleterre par la mer, nous la conquer-
» rons sur le continent (1). »

De ces menaces générales descendant, par
une foiblesse inconnue des grandes âmes,
aux diatribes personnelles, il ajoutoit :
« Nous souhaitons que lord Wellington
» commande les armées anglaises; du carac-
» tère dont il est, il essuiera de grandes

___

(1) Moniteur du 27 septembre 1809

» catastrophes..... Ni l'un ni l'autre de ces
» généraux (sir John Moore et lord Wel-
» lington) ne montrent cette prévoyance,
» caractère si essentiel à la guerre, et qui
» conduit à ne faire que ce qu'on peut sou-
» tenir, et à n'entreprendre que ce qui pré-
» sente le plus grand nombre de chances de
» succès. Lord Wellington n'a pas manifesté
» plus de talens que les hommes qui dirigent
» le cabinet de Saint-James. Vouloir sou-
» tenir l'Espagne contre la France, et lutter
» sur le continent avec la France, c'est for-
» mer une entreprise qui coûtera cher à ceux
» qui l'ont tentée, et qui ne leur rapportera
» que des désastres (1). »

C'étoit après la perte de la bataille de
Talavera; c'étoit après avoir disgracié le
maréchal Jourdan, qui y commandoit en
chef les Français; c'étoit après que lord
Wellington avoit forcé les plus célèbres maréchaux ou généraux de l'Empire à respecter
sa valeur et ses connoissances militaires,
qu'on osoit ainsi traduire son caractère, et lui
prédire des désastres! Et celui qui se per-

_____

(1) Moniteur du 27 septembre 1809.

mettoit ce langage illibéral s'exprimoit de la sorte en face de ce rivage d'Essling où cinquante mille Français, perdus peu de mois auparavant, déposoient d'une bien plus grande catastrophe que toutes celles dont on pouvoit menacer l'imprévoyance d'autrui!

Quelques jours après, au moment de la conclusion prochaine du traité et de l'alliance de Vienne, la même plume écrivoit de lord Wellington : « Ce général de Cipayes » a eu l'extrême imprudence de s'avancer » jusqu'au milieu de l'Espagne, sans savoir » ni ce qu'il avoit devant lui, ni ce qu'il » avoit sur ses flancs.....; il fuit alors en » toute hâte, et il a raison. S'il fut jamais un » général imprévoyant, c'est assurément » lord Wellington. S'il commande encore » long-temps les armées anglaises, nous pou- » vons nous flatter d'obtenir de grands avan- » tages des brillantes combinaisons d'un gé- » néral qui paroît si neuf dans le métier de » la guerre (1). »

Sans vouloir relever un langage aussi *inconvenant*, on va examiner avec impar-

_____

(1) Moniteur du 9 octobre 1809.

tialité et les *combinaisons* des deux généraux, et les *avantages* obtenus par les deux
armées qui furent respectivement chargées
en 1810, l'une de réaliser, l'autre de démentir
ces prédictions téméraires, ces prophéties
prématurées.

Lord Wellington commandoit au mois
d'octobre, dans les environs de Badajoz,
25,000 hommes de troupes britanniques,
dont 3000 de cavalerie ; mais cette armée, par
les fatigues de ses marches, les suites de ses
victoires et les privations inattendues auxquelles elle avoit été réduite par une junte
espagnole qui rarement fit ce qu'elle auroit
dû faire, comptoit un grand nombre de malades, et éprouvoit un extrême besoin de
repos et de rafraîchissemens. Elle rentra en
Portugal vers la fin de l'année.

Les forces portugaises étoient alors peu en
état d'agir en campagne ; mais, animées d'un
véritable patriotisme, elles s'occupoient sans
relâche de tout ce qui pouvoit servir à leur
instruction et les former à la discipline.

Au mois de novembre 1809, la junte centrale de Séville qui se méfioit de tout ce qui
pouvoit la sauver, et qui témoignoit une

grande confiance dans tout ce qui pouvoit la perdre, dédaigna les représentations du ministre et du général britannique, et résolut de risquer la sûreté de sa grande armée, celle de tout le midi de l'Espagne, et jusqu'à sa propre existence, en envoyant dans les plaines de la Manche 50,000 hommes des nouvelles levées, commandés par un général et des officiers sans expérience, avec ordre d'attaquer les corps considérables de troupes françaises qui couvroient Madrid.

La journée d'Ocana eut lieu. L'armée espagnole fut dispersée; peu après, le sud de l'Espagne fut envahi; Séville fut prise sans résistance, et la junte centrale s'évanouit au milieu de la haine et des malédictions du peuple espagnol. Cadix même auroit pu succomber sans l'admirable célérité avec laquelle le duc d'Albuquerque y fit entrer 9000 hommes de l'armée qu'il commandoit en Estramadoure. Trois bataillons anglais et un régiment portugais partis de Lisbonne, et 800 hommes détachés de Gibraltar, arrivèrent en même temps à Cadix, et bientôt la sûreté de cette importante place ne laissa plus rien à desirer.

Lorsque Joseph Buonaparte entroit à Séville, le 1er février 1810, l'armée anglaise de lord Wellington étoit dans la vallée du Mondego. La santé du soldat s'y rétablissoit à vue d'œil; l'instruction des troupes portugaises se suivoit avec un redoublement d'activité; on mettoit en état les principales forteresses du Portugal.

Presque sûr de n'avoir plus rien à redouter en Espagne après l'investissement de Cadix et la prise de Girone, le dominateur de la France disposa tous ses préparatifs pour la troisième invasion du Portugal et la conquête de Lisbonne.

Il sera facile de juger de l'importance qu'il mettoit à cette conquête, par l'immensité des moyens qu'il résolut d'y employer. On verra par ces soins qu'il méprisoit moins qu'il n'affectoit de le proclamer, le cabinet qui avoit résolu de lui disputer cette conquête, et l'homme dont la volonté unique, puissamment secondée par les deux gouvernemens alliés, alloit diriger toute la défense du Portugal.

Pour pouvoir se faire une idée juste de la force que les Français possédoient en

2

Espagne du côté du Portugal, au commencement de 1810, il suffira de jeter les yeux sur le tableau authentique de l'état de ces forces.

Le 1er corps, commandé par le maréchal Victor, et le 5e corps, commandé par le maréchal Mortier, avoient accompagné Joseph Buonaparte de Madrid à Séville, et s'étendoient depuis cette dernière ville jusqu'à Chiclana devant l'île de Léon. Le corps de Sébastiani marchoit sur Grenade et Malaga; le deuxième corps, commandé d'abord par le maréchal Soult, puis par le général Regnier, étoit rassemblé sur le Tage; le sixième corps, commandé par le maréchal Ney, restoit dans la Vieille Castille, avec la division de Kellerman, attendant l'arrivée des autres divisions que l'on savoit en marche de France vers l'Espagne.

A la fin de février, le huitième corps, commandé par le général Junot, étant arrivé de la Bohême dans le nord de l'Espagne avec d'autres troupes, les Asturies et la Galice furent envahies, et Astorga investie et prise après une longue et glorieuse résistance qui coûta 2000 hommes à l'armée française.

Ainsi, l'on voit dès-lors quatre corps d'armée envelopper le Portugal au nord et à l'est, et menacer à la fois de l'envahir sur tous les points, et après qu'il eut été établi des magasins et des dépôts dans les places voisines. Des deux corps du sud, l'un investissoit Cadix, et poussoit des détachemens jusqu'à Ayamonte; l'autre contenoit les royaumes de Grenade et de Murcie, et faisoit des irruptions jusqu'au pied de Gibraltar. Toutes ces armées se donnoient la main, et ne formoient dans le fait qu'une seule ligne d'opérations combinées.

Du sein des voluptés, étendu sur l'édredon, attendant la jeune princesse qu'il venoit de conquérir à Vienne, Buonaparte, après avoir arrangé la représentation théâtrale de son divorce, ordonne un nouvel effort pour conquérir le Portugal à quelque prix que ce soit.

Il confie cette conquête au premier, au plus heureux, au plus habile de ses généraux, à son plus ancien compagnon d'armes, à celui qui, toujours à son avant-garde à l'armée d'Italie, lui avoit ouvert son immense fortune, à celui qu'il avoit surnommé

2.

le favori de la victoire, à celui dont la présence d'esprit l'avoit sauvé peu de temps anparavant sur les rives du Danube ; en un mot, au maréchal Masséna, duc de Rivoli et prince d'Essling.

Il met trois corps d'armée sous ses ordres; le deuxième, le sixième et le huitième (1). Le maréchal Soult, qui commande en chef les trois corps d'armée dans le sud, a ordre de coopérer, par des diversions, à l'ensemble de cette grande opération.

Jamais il n'avoit été rassemblé plus de moyens dans les dernières guerres de la France avec l'Autriche, la Prusse et la Russie. Mais aussi, l'honneur du tyran étoit compromis; il lui falloit tenir la parole qu'il avoit donnée à son sénat, quand il lui avoit dit, le 4 décembre 1809 : « Lorsque je paroîtrai au-delà

---

(1) Le deuxième corps consistoit en 17,000 hommes.
Le sixième 37,000
Le huitième. 28,000

82,000

Indépendamment de la division de Serras, 6000 h.; et de celle de Kellerman, 6000.

» des Pyrénées, le léopard effrayé fuira
» vers l'Océan pour éviter la honte, la dé-
» faite et la mort. Le triomphe de mes armes
» sera le triomphe du génie du bien sur
» celui du mal ; de la modération, de l'ordre
» et de la morale sur la guerre civile, l'anar-
» chie et les passions malfaisantes. »

Il est inutile de parler ici en détail des
mouvemens des détachemens espagnols qui
se trouvoient dans l'Estramadoure, sous la
Romana, Ballesteros et Mendizabal. Ces détachemens furent continuellement aux prises,
et souvent avec succès, contre des divisions
des corps de Regnier et de Mortier, entre
Séville et Badajos. Le général Hill, avec
5000 Anglais et une division de troupes
portugaises, établis à Portalègre à l'aile
droite de lord Wellington, contribua à tenir
les corps français en échec, et à leur faire respecter la frontière orientale du Portugal.

Dès que Masséna fut arrivé de Paris à Salamanque, et qu'il eut passé en revue les
sixième et huitième corps sous Ney et Junot,
qui formoient alors un complet de 65,000 h.,
il ouvrit la campagne au mois de juin 1810,
par l'investissement de la place de Ciudad-

Rodrigo, sur laquelle ses batteries commencèrent à jouer le 24.

Le général anglais rassembla toute son armée, et établit, le 25 du même mois, son quartier-général à Almeida.

De ce moment commença à s'exécuter ce système de défense, que les Français eux-mêmes n'ont pu s'empêcher de dire avoir été si profondément combiné.

Toute cette campagne avoit été prévue et concertée à Séville, dans l'hiver de 1809, entre le marquis de Wellesley et lord Wellington. On va voir avec quelle persévérance le plan en fut suivi par le gouvernement anglais, par la régence de Portugal, et par le général en chef.

Le second corps, sous Regnier, après avoir été continuellement aux prises avec les troupes de la Romana et de Mendizabal, joignit la grande armée après la prise de Ciudad-Rodrigo, qui succomba le 3 juillet, non sans avoir fait une résistance opiniâtre, qui couvrit de gloire cette garnison et son brave commandant, le général Herrasty.

Le général Hill fit, avec sa division de droite, un mouvement correspondant à celui

du corps de Regnier , et , laissant à Thomar
une réserve composée de trois bataillons
anglais et d'un corps de Portugais , il se
rapprocha de l'armée alliée.

L'armée britannique consistoit alors, ainsi
que nous l'avons dit , en 28,000 hommes
effectifs.

Les troupes réglées de Portugal montoient
nominalement à 40,000 hommes , y compris
4000 de cavalerie ; mais on n'en comptoit
avec lord Wellington que 25,000 effectifs.
Les milices et paysans portugais armés étoient
alors estimés monter à 45,000 hommes.

Des états complets et authentiques des
forces françaises employées alors en Espagne ,
interceptés par les guerillas, faisoient con-
sister le total de ces forces en 322 bataillons,
179 escadrons, 179 compagnies d'artillerie ,
outre les gardes, estimés de 10 à 12,000 h. :
total , 301,000 hommes. Sur ce nombre ,
98 bataillons, 66 escadrons et 48 compagnies d'artillerie composoient l'armée de
Portugal : total, 88,000 hommes.

Evaluant les trois corps commandés dans
le sud par le maréchal Soult au même
nombre que les trois corps de Masséna, on

voit près de 180,000 hommes menaçant alors
l'armée alliée, sans compter les divisions
réparties dans le nord de l'Espagne et dans
Madrid, qui devoient prêter par la suite
leur appui aux armées d'invasion, et les renforts qu'on attendoit, au nombre de 20,000 h.

Vers la fin de juillet, l'armée britannique
se retira derrière la Coa, après avoir, par
l'ordre du général en chef, abandonné et
fait sauter le fort de la Conception.

L'avant-garde britannique, commandée
par le brigadier-général Craufurd, consistant en trois bataillons anglais, deux bataillons portugais d'infanterie légère, et quelques
escadrons de cavalerie, fut attaquée le
24 juillet, dans la plaine de la Coa, par une
grande partie de l'armée française, et y
essuya quelque perte, dont elle se vengea
presque aussitôt par un carnage prodigieux
au pont de la Coa, que les Français ten-
tèrent de prendre d'assaut.

Lord Wellington, suivant d'une manière
imperturbable le plan de campagne qu'il
s'étoit tracé depuis plusieurs mois, avoit re-
tiré son infanterie dans la vallée du Mondego,
ne laissant qu'une division à Guarda, et

quelque cavalerie en avant pour surveiller les mouvemens de l'ennemi sur la Coa.

Almeida fut investie à la fin de juillet : la tranchée y fut ouverte le 15 d'août ; mais les batteries n'ouvrirent que le 25. Le feu ayant pris au grand magasin à poudre, tué nombre d'artilleurs, démonté les canons, démoli les murs, détruit une moitié de la ville et presque toutes les munitions, la place se rendit le 27.

Ce fut le 28 du même mois que le corps de Regnier joignit définitivement les deux corps de Ney et de Junot, que Masséna avoit déjà sous ses ordres. Deux détachemens de ce corps, l'un de 150 hommes, et l'autre de 60 dragons, avoient été taillés en pièces et totalement détruits dans le mois d'août, le premier par un détachement espagnol, le second par quelque cavalerie de l'armée alliée.

Le 5 septembre, l'armée de Masséna partit d'Almeida et entra à Guarda. Alors commença le mouvement d'invasion du Portugal par la vallée du Mondego.

Le général en chef anglais avoit tout prévu pour le mouvement rétrograde. Les ordres avoient été donnés pour que tout le pays par où l'ennemi devoit passer, fût évacué par ses habitans. On vit en cette occasion, par un de ces mouvemens héroïques si peu fréquens dans l'histoire des empires, une population toute entière, couverte par une armée, se retirer devant ceux qui venoient l'asservir.

Ces loyaux et estimables patriotes emportent avec eux leurs pénates, leur honneur, la certitude qu'ils font une chose qui sera agréable aux yeux de Dieu et de leur prince; la conviction qu'ils mériteront l'estime de leurs alliés et celle du monde, et la confiance que le succès couronnera leurs sacrifices.

Ce peuple connoît d'ailleurs son allié; il sait que le cœur du peuple anglais répondra au sien; que si leur gloire est commune, leurs ressources le seront aussi; que la libéralité de l'un soulagera la détresse de l'autre.

A mesure que les Français avançoient, les habitans du haut Beira abandonnoient leurs villes et leurs villages, emportant avec eux ceux de leurs effets qu'ils pouvoient emporter, et détruisant le reste, de sorte que le pays que l'ennemi traversoit étoit un véritable désert.

Ses communications avec l'Espagne étoient coupées par les milices portugaises et les paysans armés, connus sous le nom d'Ordonnances. Le 20 de septembre, une de ces divisions, commandée par le colonel anglais Trant, attaqua l'escorte de l'artillerie de réserve et de la caisse militaire, et lui fit plusieurs prisonniers.

La marche de Masséna avoit commencé par le chemin de Ponte di Murcella, sur la rive gauche du Mondego. Cette partie de la route étoit fortifiée sur toutes les positions qu'elle présentoit, et notamment sur celles qui sont à l'embouchure de l'Alva. Masséna, voulant les éviter, passa par le pont de Fornos sur la rive droite du Mondego, et prit la route qui mène de Vizeu à Coimbre : la difficulté des chemins, pour le transport de son artillerie et de ses équipages, lui fit perdre plusieurs jours.

Lord Wellington, qui épioit tous les mouvemens de l'ennemi, passa également sur l'autre rive du Mondego avec son grand corps d'armée, et vint se placer entre l'armée française et la ville de Coimbre, sur les hauteurs de Busaco, au travers desquelles passe la grande route. Ce mouvement fut exécuté avec aise et régularité. Les corps des généraux Hill et Leith passèrent de même le Mondego, et vinrent former la droite de l'armée alliée.

Le 27 septembre, Masséna tenta de forcer ces hauteurs. Le corps du maréchal Ney attaqua la position de l'armée alliée sur la gauche; Regnier fit un effort semblable sur la droite du centre. Les deux attaques furent repoussées avec un carnage prodigieux. Les deux corps furent engagés en totalité, et attaquèrent avec une fureur extrême; ils y eurent 5 généraux et 8000 hommes tués, blessés ou prisonniers. L'armée alliée, qui se couvrit de gloire dans cette journée, perdit moins de 1000 hommes.

Les troupes portugaises combattirent avec la plus grande valeur dans cette affaire, et prouvèrent au général en chef, ce qu'elles ont justifié depuis, que l'on pouvoit tout attendre d'elles par la suite.

Le 28, Masséna, voyant qu'il lui étoit impossible de pénétrer par le chemin direct, marcha par sa droite, afin de tourner les hauteurs de Busaco, et de gagner le grand chemin d'Oporto à Coimbre.

Lord Wellington resta dans cette dernière ville jusqu'au 1er octobre, que Masséna y entra ; mais ce délai avoit donné aux habitans le temps de se retirer, emportant ou ayant détruit leurs effets. L'armée française trouva cette belle ville déserte, sans ressources, sans habitans; elle y laissa ses malades et ses blessés au nombre de 5000 h., ils y furent pris le 7 octobre, par le colonel Trant, avec le détachement qui les gardoit, et les médecins et l'hôpital de l'armée.

Pour pallier ces premiers désastres, fruit des combinaisons de l'invincible Buonaparte, on inséra dans les relations françaises : d'abord « que l'attaque de Busaco n'avoit été qu'une » fausse attaque par une nuée de tirailleurs, » afin de couvrir le mouvement de flanc qui » avoit été résolu pour tourner ces montagnes; qu'il leur avoit été ordonné de » nourrir l'attaque pendant deux jours, et » qu'une brigade du second corps (Regnier) » *feroit semblant* d'attaquer la droite des » Anglais, tandis qu'une brigade du sixième

» *feroit* également *semblant* de vouloir em-
» porter la position de Busaco; que ces
» manœuvres réussirent complétement, mais
» que les deux brigades, emportées par
» l'impétuosité naturelle aux Français, pous-
» sèrent leurs attaques trop loin, et ne
» purent être soutenues parce que l'armée
» étoit déjà loin (1). »

Puis, dans la même relation officielle, on
attribuoit l'enlèvement des cinq mille blessés
à Coimbre, « à un *malentendu* et aux *faux*
» *mouvemens* d'un corps d'observation. » On
y réduisoit encore à 1600 hommes le nombre
des prisonniers faits à cette occasion.

L'imposture des bulletins français est devenue si trivialement proverbiale, qu'on dé-
daigne de disputer des assertions qui peuvent
à chaque instant être démenties par 150 mille
témoins, mais qui ne peuvent l'être dans la
capitale du grand empire, où une seule presse
a le privilége exclusif de la fabrication du
mensonge et de la calomnie.

Lord Wellington, qui avoit médité depuis
long-temps l'ensemble de cette campagne,

(1) Moniteur du 30 novembre 1810,

se retira tranquillement, et dans le meilleur
ordre, sur les positions qu'il avoit choisies et
fortifiées d'avance pour couvrir Lisbonne
qui ne pouvoit pas être défendue efficacement
à Busaco. Il suffit ici de copier la description
que les Français font eux-mêmes de ces positions formidables. « Les Anglais avoient leur
» droite à Alhandra, sur le Tage ; leur
» gauche, près de l'embouchure du Lisandro,
» dans la mer : ils occupoient ainsi une posi-
» tion de dix lieues d'étendue sur une ligne
» de hauteurs retranchées : le petit nombre
» de débouchés par lesquels on pouvoit
» arriver jusqu'à eux, étoient hérissés d'ar-
» tillerie....... » Et dans un autre endroit,
« M. le prince d'Esseling a fait ce qui dépen-
» doit de lui pour engager les Anglais à lui
» disputer le terrain : mais il a été impossible
» d'amener à une bataille un ennemi *extrê-
» mement prudent*, et qui ne veut pas
» combattre, s'il n'est pas établi sur des rocs
» inaccessibles, ou caché derrière des retran-
» chemens couverts d'artillerie et inexpu-
» gnables. (1) »

_____

(1) Moniteur du 29 novembre 1810.

Ainsi, ce même Moniteur qui, au mois d'octobre 1809, avoit déclaré que lord Wellington *manquoit de cette prévoyance, caractère si essentiel à la guerre, qui conduit à ne faire que ce qu'on peut soutenir, et à n'entreprendre que ce qui présente le plus grand nombre de chances de succès*, étoit obligé de convenir, au mois de novembre 1810, que ce général *imprévoyant*, devenu tout à coup *extrêmement prudent*, « n'avoit » entrepris que ce qui lui présentoit le plus » grand nombre de chances de succès », tandis que le prétendu héros qui gouvernoit la France avoit eu *l'extrême imprudence* de contraindre le plus prévoyant des généraux *à s'avancer jusqu'au milieu du Portugal, sans savoir ni ce qu'il avoit devant lui, ni ce qu'il avoit sur ses flancs.* Et pour continuer de parler le langage du Moniteur, ce général ne s'enfuit pas alors en toute hâte, et en cela il n'eut pas raison ! !

En effet, il s'arrêta pendant cinq mois de suite devant ces positions imprenables, et Buonaparte fut privé des deux holocaustes qui lui sont les plus agréables, le sang anglais et le sang français abondamment versés.

Dans ce même mois d'octobre 1809 ; le
Journal consacré à être l'oracle du Monde
avoit dit « que les Français auroient pu
» entrer en Portugal, mais qu'ils ne l'avoient
» pas voulu, parce qu'on étoit alors au mois
» d'août, parce que le climat est funeste
» dans cette saison, parce qu'il n'y a que
» des insensés, tels que ceux qui dirigent le
» gouvernement anglais, qui s'exposent, au
» mois d'août et de septembre , à faire périr
» une armée dans les sables de l'Estrama-
» doure. (1) »

Et pourtant, c'étoit au mois d'août 1810
que les Français étoient entrés en Portugal !
c'étoit au mois de septembre que les hommes
sensés qui dirigeoient le gouvernement français envoyoient 90,000 hommes *vivre* dans
les sables de l'Estramadoure!

L'armée française qui, depuis son entrée
en Portugal , n'avoit vécu en grande partie
que de biscuit et des légumes qui étoient
restés sur terre , trouva plus de ressources
dans l'Estramadoure. On avoit négligé d'y
faire enlever ou détruire les vivres, ainsi que

_____

(1) Moniteur du 9 octobre 1809.

3

lord Wellington l'avoit fait dans le haut et bas Beira. Masséna put en conséquence y prolonger la campagne de quelques mois.

Dans l'intervalle qui s'écoula depuis le 1er octobre 1810 jusqu'au 1er mars 1811, les forces britanniques furent augmentées par l'arrivée des renforts qui vinrent d'Angleterre, de Cadix, de Sicile, et même de la Nouvelle-Ecosse. Au mois de décembre, l'armée anglaise montoit à quarante mille hommes; l'armée portugaise en comptoit un nombre presque semblable, et les milices devenoient de jour en jour plus formidables par le nombre, la discipline et l'habitude de la guerre.

Vers le commencement de novembre, le marquis de la Romana, après avoir laissé deux divisions de son armée dans l'Estramadoure espagnole, arriva avec six ou sept mille hommes, et joignit les alliés devant Lisbonne. Le 14 novembre, Masséna changea de position, et, par un mouvement sur sa gauche, se porta sur le Zézère, établissant son quartier-général à Santarem.

Dans cette nouvelle position, tous ses mouvemens furent incertains. Ses soins se bornèrent à construire des ponts sur le Zézère , à se procurer des vivres, et surtout à s'ouvrir quelques communications avec la France.

Telle étoit la vigilance des divisions de milices qui infestoient ses derrières depuis Pombal jusqu'à Vizeu , sous les ordres des infatigables officiers anglais et portugais , Silveira, Bascellar , Trant , Miller , Wilson et Blunt , que le général français étoit dans la nécessité d'expédier des armées pour escorter ses courriers , et d'envoyer des courriers pour qu'on lui expédiât de nouvelles armées. Le général Foy , qui porta la première dépêche de l'armée de Portugal à Paris , eut besoin d'une escorte de 3000 h. pour arriver en sûreté à Almeida.

Déjà les 90,000 hommes avec lesquels Masséna étoit entré en Portugal, se trouvoient réduits à 72,000 par les pertes qu'il avoit essuyées aux affaires de Busaco et de Coimbre, par les prisonniers qu'on lui faisoit journellement , notamment lorsqu'il changea de position, par la désertion , et surtout par les maladies qu'engendroient la famine, l'inaction et le climat.

Lorsque lord Wellington vit le change-

3.

ment de position de l'armée française, et qu'il eut reconnu celle qu'elle avoit prise à Santarem, les pluies ayant détruit les routes et inondé les terrains bas qui se trouvent près de Santarem, le long du Tage, il se contenta de resserrer l'ennemi en établissant son quartier-général à Cartaxo, en fortifiant la ville d'Abrantès sur la rive droite du Tage, et en garnissant la rive gauche d'une force portugaise et britannique, capable de repousser les Français s'ils tentoient de pénétrer dans l'Alentejo. La division du général Hill et la cavalerie portugaise sous le général Fane, surveilloient de ce côté les mouvemens de Masséna, aidées de nombreux détachemens de chaloupes canonnières et de bateaux armés de la flotte britannique, qui couvroient et protégeoient le Tage jusqu'au-dessus d'Abrantès. Un coup de canon parti d'une de ces chaloupes, tua, le 12 octobre, le général de division Sainte-Croix, un des meilleurs officiers de l'armée française.

A quelques jours de là, le général Junot, venu en reconnoissance à Rio-Mayor, y fut blessé grièvement, à la figure, par un hussard anglais.

Un gros corps de cavalerie, détaché par Masséna pour surprendre Coimbre, trouva cette ville mise en bon état de défense par le colonel Bascellar, et se retira précipitamment.

Vers le milieu de novembre, il parut sur la frontière des troupes françaises que l'on savoit depuis quelque tems s'y rassembler pour venir renforcer Masséna. C'étoit la division du général Gardanne, dont l'avant-garde éprouva, le 14, un échec qu'elle dut au général Silveira. Cette division tourna ensuite sur sa gauche, et marcha rapidement sur Zézère. Cependant arrivée à Cardigos, à trois lieues des avant-postes de l'armée de Masséna, elle se retira avec précipitation vers la frontière espagnole, détruisant son bagage, et perdant bon nombre de ses hommes par les attaques des paysans.

Un nouveau corps de troupes françaises qui avoit été campé auprès de Nantes, pendant l'été, étoit entré en Espagne au mois de septembre, et avoit été mis sous les ordres du général Drouet, sous la dénomination du neuvième corps de la grande armée. Une partie de ce corps avoit été rassemblée vers

Salamanque, Ciudad-Rodrigo et Almeida ;
où elle avoit relevé les troupes qui étoient
entrées en novembre sous les ordres du général Gardanne. Après la retraite précipitée
de ce dernier, le corps de Drouet se porta
en avant ; et sa division de tête renforcée des
débris de celle de Gardanne, ayant marché
par Puerte di Murcella, effectua sa jonction
avec Masséna le 26 décembre. Ce corps
ajouta 20,000 hommes aux forces de l'armée
française.

Pendant ce tems, l'armée alliée se ren-
forçoit chaque jour. Lisbonne recevoit par
le Tage des approvisionnemens de toute
espèce, tant pour son ancienne population
que pour la multitude qui s'y étoit réfugiée.
Pour calmer les craintes du public en France
sur la disette et le mécontentement qui me-
naçoient l'armée de Masséna d'une grande
catastrophe, on disoit, on imprimoit à Paris :
« Que les régimens et les soldats français
» recevoient régulièrement leur ration jour-
» nalière de pain et de biscuit, qu'on avoit
» formé d'abondans magasins de grains, qu'il
» n'y avoit rien à craindre pour les subsis-
» tances, *que tout cela pourroit vivre, tenir*

» *la campagne, et braver les fanfaron-*
» *nades des Anglais,* que le maréchal prince
» d'Essling sentoit mieux que personne que
» des vivres dépendoit la campagne du
» Portugal. » Et d'un autre côté, le gouvernement français annonçoit : « Que les vivres
» étoient hors de prix à Lisbonne, que cette
» capitale étoit sur le point d'éprouver les
» horreurs de la famine, et que les Anglais
» y régnoient par la terreur ! (1) »

Cependant, telle étoit l'abondance, telle
étoit l'affluence des provisions qui arrivoient
d'Europe, d'Afrique et d'Amérique, à Lisbonne, qu'il a fallu et qu'il faut encore les réex-
porter aujourd'hui, tant elles s'y sont trouvées
à vil prix ! tant étoit grande la confiance du
commerce dans la régularité et la solidité des
paiemens du gouvernement portugais et du
commissariat anglais! Jamais armée britannique ne fut mieux approvisionnée ; jamais
armée ne fut plus pleine d'ardeur, de confiance et de santé ; jamais armée auxiliaire
ne fut plus chérie, plus respectée des alliés
qu'elle protégeoit, de cette loyale popula-

(1) Moniteur du 30 novembre 1810.

tion résidente ou réfugiée à Lisbonne, de cette multitude d'hommes que le crédit de la Grande-Bretagne alimentoit, tandis que son bras les défendoit contre cent mille barbares qu'ils voyoient sans inquiétude à quelques lieues des portes de la capitale :

Hic profugis sedes, adversàque signa furori,
Servandis hic castra bonis . . . . .

Pour se faire une juste idée de l'immensité des secours que l'Angleterre fournit en cette occasion à son allié, il suffit de savoir qu'indépendamment de deux millions sterling que le parlement a alloués pour l'entretien de 25,000 Portugais que la Grande-Bretagne a pris cette année à sa solde, outre l'entretien de 40,000 hommes de ses propres troupes, elle a eu constamment à Lisbonne, pendant le cours de cette campagne, de 15 à 20 vaisseaux de ligne, 350 bâtimens de transport, mesurant 100,000 tonneaux, et pour une valeur de quatre millions sterling en approvisionnemens et en munitions de toute espèce.

C'est par une libéralité semblable, c'est par des efforts aussi prodigieux pour ses alliés que s'explique naturellement la baisse actuelle du change de l'Angleterre avec l'étranger, et non par les causes imaginaires auxquelles on veut l'attribuer. On représentoit à Paris, comme le signal de détresse de la Grande-Bretagne, ce qui sera un jour le plus beau titre de sa gloire. On verra à l'avenir, dans cette dépression momentanée de son change, qu'outre ce qu'elle faisoit alors pour ses alliés, elle prenoit encore un soin plus tendre des intérêts des autres peuples que des siens propres.

Tandis qu'on amusoit l'armée de Portugal de l'idée que ses manœuvres sur le Tage ruineroient les finances de la Grande-Bretagne, son empereur la laissoit elle-même sans pain et sans solde pendant six mois.

Cependant ces quatre corps d'armée qui nourrissoient la guerre en Portugal depuis cinq mois, *suivant la loi fondamentale des armées françaises* (1), étoient eux-mêmes au moment d'éprouver toutes les horreurs de la famine; et pourtant ils avoient, disoit-on aux Tuileries, une communication libre avec leurs magasins d'Espagne, ceux de Bayonne, et toutes les ressources de la

(1) Moniteur du 26 février 1811.

France et de l'Allemagne ; disons même avec celles de Dantzick, de la Pologne et de la Baltique, par les canaux faits ou commencés. Malgré tant d'avantages apparens, le moment arrivoit où Masséna n'auroit plus de ressources que dans la retraite.

C'est ce moment décisif que lord Wellington avoit prévu depuis le commencement de la campagne : chaque jour ajoutoit à l'espérance qu'il avoit conçue de son succès.

Cet espoir s'est réalisé le 5 mars 1811. Ce jour-là, commença l'évacuation du Portugal, après une campagne pendant laquelle de braves soldats qu'un tyran avoit laissés sans vivres, sans munitions, sans habits, pour nourrir la guerre dans le Portugal, en ont aussi fécondé les champs par leurs cadavres, et y ont laissé des souvenirs qui nourriront à jamais dans le cœur des habitans, des haines inextinguibles contre tout ce qui leur rappellera le nom de Buonaparte.

La rage qui transportoit cette armée depuis le premier des chefs jusqu'au dernier des soldats, est le plus glorieux témoignage de la sagesse et de la prévoyance du général

anglais, et de la discipline de l'armée britannique.

La route de Masséna est jonchée de canons,
d'affûts et de caissons détruits, de bagages
abandonnés, ainsi que de cadavres de chevaux et d'hommes morts de fatigues, de
disette, de maladies, ou sous les coups de
l'armée, des milices et des paysans portugais.

Le pillage le plus affreux, l'incendie, le
meurtre, le viol, ont été partout multipliés
par les ordres de l'auguste professeur de la
civilisation nouvelle, de cet empereur dont
le triomphe devoit être celui du génie du
bien, de l'ordre, de la morale et de la modération sur les passions malfaisantes! La
ville de Leyria est réduite en cendres; les
temples, les palais, les chaumières, les
villages et les villes sont également brûlés;
les tombeaux sont violés; les vieillards, les
enfans sont mutilés, égorgés; les femmes dés-
honorées. On diroit que le sanguinaire Napoléon a juré d'ensevelir le Portugal sous ses
ruines.

Les Français poursuivis sans relâche, aucune position ne peut les mettre à l'abri, et
pourtant nul pays n'offre plus de défenses

que le Portugal! Regnier cherche en vain à
plusieurs reprises à arrêter l'armée alliée;
l'ardeur de celle-ci égale sa valeur et sa discipline. A peine l'armée française a-t-elle pris
une position que lord Wellington l'a déjà fait
tourner; et Redinha, Guarda, Almeida, Sabugal, les rivières de la Ceira, de l'Alva, de
la Coa, ne peuvent opposer de barrières à
l'armée qui poursuit. Le 9 avril, les dernières
colonnes françaises évacuoient le Portugal,
laissant seulement une foible garnison dans
la place d'Almeida qui a été bloquée, et doit
succomber avant peu.

Des 110,000 hommes que la ville de Ciudad-
Rodrigo a vus entrer successivement en Portugal, s'il faut en juger par les proclamations
de Masséna et par la force connue de chaque
corps d'armée français en particulier, à peine
en est-il rentré la moitié en Espagne. Le reste
a donc péri à Busaco, à Coimbre, à Santarem
et dans la retraite. Et tandis que le plus heureux, le plus expérimenté, le plus prudent
des généraux de Napoléon, obtenoit ce juste
résultat d'une tentative désespérée, cette
longue et glorieuse victoire, grâces aux
admirables combinaisons, aux habiles ma-

nœuvres du général anglais : ne coûtoit presque ni larmes ni sang aux enfans de la Grande-Bretagne, aux armées alliées.

Telles furent la promptitude et la rapidité de la poursuite, que le plan de dévastation de l'armée française en se retirant, n'a pu être mis à exécution que sur un local assez res-serré. Il n'a heureusement pu s'étendre que dans le rayon d'une lieue de chaque côté de la route que suivoit en fuyant l'armée fran-çaise.

Mais déjà ces maux ont été réparés en grande partie. Le parlement impérial a voté 100,000 livres sterling, et pareille somme a été souscrite par la noblesse et le commerce britannique, de concert avec les Portugais et Espagnols résidant en Angleterre, pour sou-lager les maux nécessaires que la loyauté s'étoit imposés à elle-même lors de l'inva-sion, et les maux inutiles que la rage et la barbarie ont infligés au Portugal lors de la retraite, au nom *du génie du bien*, *de la modération*, *de l'ordre*, *de la morale* qui préside aujourd'hui aux destinées du grand peuple !

C'est ainsi que la Grande-Bretagne *aban-*

donne des alliés qui lui sont fidèles, et qui, fidèles à eux-mêmes, ne se laissent pas décourager et intimider au premier revers ! C'est ainsi qu'elle répond à ces notes injurieuses, à ces messages insolens, à ces bulletins mensongers que vomit en France la presse officielle de l'imposture.

Qui pourra croire, après avoir vu les faits qui précèdent, que le jour même où Masséna enfouissoit ses canons à Santarem, et faisoit partir ses équipages pour commencer sa retraite, ce même organe du mensonge, *le Moniteur*, faisant dans ses notes habituelles un commentaire impertinent du discours du prince Régent d'Angleterre au parlement, osoit dire : « *Si Masséna, ayant* » *reçu ses renforts et son artillerie de siége,* » *veut marcher contre vous après avoir* » *éteint vos batteries ; ou si vous-mêmes,* » *fatigués de cette lutte ruineuse, vous marchez à lui, qu'arrivera-t-il ? Si vous êtes* » *victorieux, vous n'aurez aucun résultat;* » *car à peine aurez-vous fait deux marches* » *que vous rencontrerez de nouvelles* » *armées* (1). »

_____

(1) Moniteur du 26 février 1811.

L'armée française a fait trente - cinq marches depuis le 5 mars jusqu'au 9 avril, poursuivie par l'armée anglaise ; et, bien loin de rencontrer un seul corps d'armée venant à son secours, il lui a fallu aller jusqu'à Zamora et Toro avant de trouver les premières troupes du corps du maréchal Bessières, à plus de trente lieues du point de la frontière du Portugal par lequel elle s'est échappée.

Revenant encore sur l'affaire de Busaco, le rédacteur des mêmes notes, quel qu'il soit, se permettoit de dire du général anglais que, « puisque lord Wellington avoit jugé » convenable de prendre la position de Bu- » saco, quoiqu'il n'obtînt pas la gloire de » défendre le Portugal, puisque déjà il avoit » abandonné trente lieues de pays à l'en- » nemi, cependant il y couvroit les trois » quarts du Portugal, il tenoit toute l'armée » française éloignée de quarante lieues de la » capitale, il gardoit ses communications » avec Oporto et avec toutes les provinces » au-delà du Douro ; que l'armée française » du Portugal demeuroit séparée de plus de » quatre-vingts lieues de l'armée du midi,

» et ne conservoit pour subsister qu'un pays
» que Wellington avoit dévasté avec médi-
» tation ; qu'elle se trouvoit ainsi réduite à
» faire venir d'Espagne ses convois par des
» chemins impraticables ; qu'au moment de
» la saison des pluies , elle auroit été séparée
» de l'Espagne , et obligée de retourner à
» Almeida ; que si le général anglais s'étoit
» maintenu pendant quinze jours seulement
» dans la position de Busaco, il auroit pu se
» vanter d'avoir gagné la campagne et dé-
» fendu le Portugal ; qu'on auroit été , à la
» vérité , dans le cas de lui reprocher le
» ravage de trente lieues de pays, mais que
» ce reproche ne seroit pas resté sans ré-
» ponse , s'il avoit forcé l'armée française à
» évacuer ce pays même, et prouvé, par
» le fait, que ces ravages avoient contribué
» au succès de la campagne ; que ces com-
» binaisons et ces considérations n'avoient
» point échappé au général anglais ; qu'il
» avoit voulu défendre sa position , et qu'on
» s'étoit battu à Busaco ; que le résultat de
» la bataille avoit été une retraite à marches
» forcées sur Lisbonne ; que l'armée fran-
» çaise, arrivant presqu'en même temps que

» lui à la vue de ses vaisseaux, avoit trouvé
» des provisions immenses dans les belles
» vallées du Tage ; que les Anglais avoient
» donc été battus à Busaco ; que peu impor-
» toit que ce fût le général ou que ce fût les
» officiers et les soldats ; qu'une armée étoit
» la réunion de *tout cela ;* que le général
» français avoit fait ce qu'il vouloit ; que le
» général anglais n'avoit rien fait, n'avoit
» rien défendu, n'avoit exécuté aucun de
» ses projets ; que la journée de Busaco les
» avoit tous fait échouer. » Et pour finir
par un trait de sentiment cette heureuse
tirade, ces notes ajoutoient d'une manière
attendrissante : « Les Portugais reproche-
» ront à jamais au général anglais les ra-
» vages inutiles qu'il a exercés. Lorsqu'ils
» voudront apprendre à leurs enfans com-
» ment les Anglais défendent un pays, ils
» leur montreront les ruines de leurs vil-
» lages, de leurs châteaux et de leurs villes. »
Il s'écoula peu d'heures après la publication de ces forfanteries, lorsqu'on apprit
à Paris que lord Wellington avoit bien plus
efficacement défendu le Portugal des hauteurs
de Lisbonne, qu'il n'auroit pu le faire de

celles de Busaco; que l'armée française ne pouvoit plus rien tirer des immenses ressources des vallées du Tage ni de l'Espagne ; que l'armée anglaise victorieuse, au lieu de trouver devant elle de nouvelles armées françaises, en chassoit devant elle quatre totalement désorganisées, fuyant par des chemins impraticables; que le général anglais avoit fait ce qu'il vouloit; que le général français n'avoit rien fait, n'avoit rien conquis, n'avoit exécuté aucun de ses projets, et qu'enfin la campagne étoit gagnée.

Il avoit également été annoncé (1) que « le jour où l'armée anglaise s'embarqueroit » devroit être un jour de fête ; que les avan- » tages de la lutte actuelle seroient d'autant » plus grands pour la France que les Anglais » y auroient mis plus d'enjeux ; qu'il falloit » qu'elle fût forte pour être décisive, qu'elle » fût longue pour produire tous ses ré- » sultats. »

Si l'on ne savoit pas quel est l'homme qui compose seul ces réflexions pétulantes et présomptueuses, on auroit peine à contenir

(1) Moniteur du 26 février 1811.

sa surprise de l'effronterie avec laquelle on a osé offrir à une nation railleuse et spirituelle comme la nation française, des diatribes dont chaque sentence a dû ainsi retomber et porter à plomb sur leur auteur, si peu de jours après leur publication. Il faut que le système de terreur soit devenu bien puissant, s'il a empêché en France de faire, respectivement au vaincu et au vainqueur, l'application de ces grandes maximes politiques et militaires !

Certes, l'on peut bien dire aujourd'hui, avec vérité, que le jour où l'armée française a évacué le Portugal, a été un jour de fête pour ses habitans ; que les Portugais reprocheront toujours à Buonaparte les ravages qu'il a ordonné d'y exercer, et que lorsqu'ils voudront apprendre à leurs enfans quel étoit alors le génie du bien, de l'ordre et de la morale, qui vouloit les régénérer, ils leur montreront les débris de leurs villages, de leurs châteaux et de leurs villes incendiées.

Ce n'étoit point les hauteurs de Busaco, c'étoit les hauteurs de Torres-Vedras que lord Wellington avoit eu la prévoyance de choisir depuis long-tems comme le pivot sur lequel devoit tourner toute la défense du

4.

Portugal. Ce général étoit trop prudent pour risquer légèrement en plaine, à la frontière de Portugal, et l'armée anglaise et l'armée portugaise, qui n'avoit pas encore été suffisamment éprouvée ; aussi le marquis de la Romana n'hésita-t-il pas de reconnoître, au commencement de la campagne, la sagesse des motifs qui empêchèrent lord Wellington de marcher au secours de Ciudad-Rodrigo, lorsque cette place étoit assiégée. Les deux généraux avoient jugé dès-lors que cette place seroit immanquablement reprise de Torres-Vedras, et surtout qu'il falloit *que la lutte fût forte pour être décisive ; qu'elle fût longue pour produire tous ses résultats.*

Elle a été décisive, cette lutte pendant laquelle on n'a pas vu moins de huit corps d'armée français, ou 240,000 hommes fixés sur une seule proie, et obligés à la fin de l'abandonner.

Ces huit corps sont :

Celui du maréchal Bessières, couvrant au nord l'armée d'invasion ;

Les quatre corps de l'armée d'invasion, de Ney, Regnier, Junot et Drouet ;

Les trois corps du midi, aux ordres du

maréchal Soult, commandés par Mortier, Victor et Sébastiani; le premier attaquant le Portugal par l'est, et les deux autres concourant à l'invasion par plusieurs diversions simultanées.

Elle a été longue cette lutte; ainsi on la verra, sans doute, produire tous ses résultats.

Il avoit fallu sept mois pour fortifier les hauteurs de Torres-Vedras; elles ont défié 240,000 Français pendant le même espace de temps. Cette longue et savante campagne a donc duré quatorze mois et plus.

Cependant le maréchal Soult étoit parti de Séville avec une division de l'armée de Victor; et, réuni avec quelques divisions du corps de Mortier, il avoit marché avec 22,000 hommes sur Badajoz, afin de faire une diversion utile à Masséna. L'armée espagnole du marquis de la Romana voulut absolument quitter celle de lord Wellington, et marcher au secours de ses compatriotes; mais son brave et loyal chef n'étoit plus. Cet énergique et actif patriote venoit de succomber sous le poids de ses longues fatigues. Soult eut de grands succès pendant quelques instans; mais lord Wellington avoit vu d'un coup d'œil l'en-

semble de la campagne : il savoit que le salut
de l'Espagne dépendoit plutôt des avantages
sur l'armée de Masséna que de ceux qu'on
pourroit remporter sur la frontière orientale.
Dès qu'il vit la campagne décidée et gagnée
le 5 mars, avec cette promptitude qui le ca-
ractérise si éminemment, il détacha le maréchal Béresford le même jour avec 22,000 h.,
pour aller déloger Soult et Mortier. Déjà
Olivenza et Campo Mayor ont été délivrés et
repris avec les garnisons qui y avoient été
laissées, les Français sont assiégés à leur tour
dans Badajoz, Soult est rentré à Séville pour
soutenir Victor, les partis et les armées espagnoles sont devenus plus actifs, plus nombreux et plus audacieux dans l'Andalousie et
dans les autres provinces; et tout présage que
la prise de Badajoz sera avant peu le signal
de la délivrance du midi de l'Espagne, où
déjà les corps français, réduits à un petit
nombre d'hommes, offriront bientôt le même
tableau de désorganisation et d'affaissement
que les corps d'armée du nord.

L'impatience que Napoléon témoignoit de
voir lord Wellington risquer l'armée alliée
dès le commencement de la campagne, en

risquant une bataille rangée pour secourir
Almeida et Ciudad-Rodrigo, les provoca-
tions qu'il sembloit lui faire à ce sujet,
prouvent, beaucoup mieux que tout ce
qu'on pourroit dire, la bonté du système de
prudence et de défensive que la sagesse avoit
conseillé au général anglais d'adopter. Il
voyoit que la France faisoit, pour cette conquête, l'effort le plus prodigieux qu'elle eût
encore fait, même quand il lui fallut défendre ses propres frontières. Non-seulement
il voyoit qu'on lui avoit opposé le plus heureux des généraux français et celui qui pas-
soit pour le plus habile, mais encore qu'on
avoit tiré les meilleurs officiers des autres
armées pour les faire agir dans celle de Portugal. Il savoit que la France étoit en paix
avec toutes les puissances de l'Europe, à
l'exception des peuples de la péninsule ; que
l'honneur de son dominateur étoit compromis ; que ses menaces circuloient dans toute
l'Europe, et qu'il sacrifieroit tout pour ne
pas se déshonorer et pour racheter le gage
qu'il avoit donné. Il vit la nécessité où il
étoit de temporiser ; et il suivit ce plan

imperturbablement, sans s'occuper des juge-
mens qu'on en porteroit.

Si cependant lord Wellington s'étoit fixé
sur un système défensif, il ne perdit jamais
de vue qu'il conviendroit de prendre l'offen-
sive toutes les fois qu'il se présenteroit une
chance raisonnable de succès. Cette chance
se présenta à l'affaire de Busaco. On y mit à
l'épreuve l'armée portugaise, disciplinée
par des officiers britanniques. On n'aperçut,
dans cette importante journée, aucune diffé-
rence entre le soldat portugais et le soldat
anglais. Alors, ces troupes méritèrent et
obtinrent la confiance de leur général; elles
acquirent elles - mêmes confiance dans ce
qu'elles pouvoient; et lord Wellington vit,
dès ce moment, ce qu'il pouvoit en attendre
pour ses opérations futures.

La prudence lui interdisoit de livrer bataille à Masséna dans la forte position que
celui-ci avoit prise à Santarem. Il connoissoit
la situation difficile dans laquelle son ennemi
se trouvoit; il pouvoit calculer, presque à
un jour près, l'époque où il devroit se retirer pour ne pas périr entièrement; il savoit

que de la conservation de son armée, la seule qui pût lutter contre les Français dans toute la péninsule, dépendoit le sort définitif de ce vaste territoire. La politique, non moins que la philantropie, interdisoit une effusion de sang inutile, lorsqu'on avoit la certitude qu'un délai amèneroit les mêmes résultats. Aussi tous les préparatifs pour la poursuite de l'ennemi, dans sa retraite, avoient-ils été si bien combinés et mûris, que, malgré tout le talent du maréchal d'Empire qui dirigea cette retraite, l'armée française fut constamment menée battant jusqu'à la frontière; jusqu'au même terrain d'où Buonaparte faisoit lancer, l'année d'auparavant, ces vaines proclamations, mélange de menaces insolentes et de protestations insidieuses.

Ainsi l'Angleterre a acquis maintenant la conviction qu'elle possède une armée accoutumée à la guerre, qui l'a vue sous toutes ses formes, non-seulement dans des batailles et dans des victoires, mais encore dans de fatigantes retraites, dans une vive poursuite, dans des siéges, en restant des mois entiers dans des positions particulières; elle sait qu'elle possède un général qui ne le cède en rien aux premiers généraux de la France, à ceux dont de continuels succès à la guerre ont rendu les noms proverbialement célèbres.

Depuis long-temps les ennemis de la gloire de l'Angleterre vouloient la borner aux prouesses de ses forces maritimes, dont les succès, depuis un demi-siècle, ont jeté tant d'éclat sur sa marine. Les généraux et les orateurs français apprendront désormais à respecter davantage les armées britanniques que la France aura à combattre. Ils savent déjà, par l'exemple des Abercrombie et des Moore, que les généraux anglais savent vaincre et mourir; ils ont vu, à la bataille de la Corogne, que l'intrépidité du général et du soldat, que leur dévouement et leur patriotisme sont inébranlables, même dans les circonstances les plus pénibles; qu'ils lisent dans les trophées de Maida, de Barrosa (1) et du Portugal, que les Stuart, les

(1) Le jour où Masséna commençoit sa retraite, le général Graham, avec 3500 hommes seulement de troupes britanniques, avoit l'avantage à Barrosa, dans l'Andalousie, sur deux divisions du corps du maréchal Victor, fortes de 8000 hommes.

Graham, les Wellington, les Béresford peuvent maintenant lutter avec eux, et contre les dangers et les difficultés qui souvent ont rendu le succès des armes britanniques plus glorieux encore.

Lorsque la triste vérité est enfin parvenue aux pieds du trône impérial, on a de nouveau cherché à la déguiser aux Français, en leur disant, d'après des lettres du quartier-général, en date du 15 mars, dix jours après le commencement de la retraite, « que le » maréchal prince d'Essling avoit jugé convenable de faire *un mouvement ;* qu'il » avoit porté sa droite à la mer, sa gauche » au Zézère, et son quartier-général à » Pombal ; que différens corps de troupes » à la solde de l'Angleterre avoient été » défaits ; que des colonnes avoient parcouru » le Portugal dans tous les sens, et opéré la » soumission et le désarmement de plusieurs » contrées. (1) »

Depuis ce temps jusqu'au 30 avril, il n'a plus été question de ce que le message de décembre 1809 appeloit d'avance le triomphe

(1) Moniteur du 27 mars 1811.

du génie du bien , de l'ordre ; de la morale
et de la modération sur les passions malfaisantes !

Que le monde entier se réjouisse aujour-
d'hui avec l'Angleterre et ses alliés , de
l'évacuation du Portugal ! Que les peuples
voient dans le long et glorieux exemple de
bravoure et de persévérance que leur donnent
l'Angleterre et la péninsule, l'exemple de
ce qu'ils peuvent tenter et espérer pour leur
délivrance.

Qu'ils sachent que la prise de Lisbonne
devoit être le signal de leur réunion au même
joug de la plus grande partie des Etats de
l'Europe.

Que de même l'on voie dans la libération
déjà effectuée du Portugal, la libération
prochaine de l'Espagne et la délivrance future
de l'Europe.

Que les peuples se convainquent par
l'exemple du Portugal , que la Grande-Bretagne n'abandonne point des alliés qui lui sont
fidèles , qui se sont fidèles à eux-mêmes, et
qui ne se laissent point intimider aux premiers revers ! Qu'ils sachent qu'elle ne peut
les réunir à son empire , mais qu'elle peut les

associer et à sa gloire et à sa prospérité.

Qu'ils voient dans cette guerre de la péninsule , la soif qu'avoit le tyran de posséder
les colonies et les mines espagnoles , punie
par la perte de toutes ses propres colonies.

Qu'ils voient la Grande-Bretagne , se mul-
tipliant sur tous les points , couvrir à la fois
de ses forces le détroit du Phare et celui du
Sund ; le golfe Adriatique et le golfe de Fin-
lande ; défendre Anholt d'une main , et protéger de l'autre la Sicile ; et si le génie du
mal , dans un de ces élans gigantesques qui
lui sont suggérés par l'enfer , chassé de
Cadix , étendoit son vol jusqu'aux portes
d'Archangel , qu'il soit assuré d'y trouver
encore un amiral et un général britannique.

Que les nobles enfans du Portugal se féli-
citent de la loyauté et du patriotisme qu'ils
ont manifestés! Ils ont évité les piéges qu'on
tendoit à leur intégrité et à leur bonne foi:
on les invitoit à recevoir les Français en amis,
ils les ont reçus en hommes et en héros; ils
ont su protéger leurs personnes et leurs propriétés contre celui qui avoit déjà disposé de
leurs propriétés , et qui se préparoit à cons-

crire leurs personnes à l'instar des Norwégiens
et des marins de la Baltique ; qu'ils aillent
aujourd'hui entre les murs de leurs temples
incendiés , remercier celui qui leur a inspiré
la force et le courage de résister à l'usurpa-
teur ; et leur encens, fumant au travers de
ces débris enflammés , montera plus pur au
pied du trône du Dieu des armées !

Que les sénateurs du tyran lui demandent
aujourd'hui pourquoi , après leur avoir
annoncé emphatiquement que dès qu'il se
montreroit de l'autre côté des Pyrénées , le
léopard effrayé se réfugieroit sur ses vaisseaux, il est demeuré à Paris , tandis que le
léopard repoussoit ses lieutenans jusqu'au
pied des Pyrénées? Pourquoi, au lieu d'aller
conquérir lui-même la péninsule , ce vaste
tombeau de son armée et de sa gloire , il
demeuroit nonchalamment arrêté auprès du
berceau de sa dynastie?

Que ses secrétaires lui demandent maintenant quelles nouvelles sentences ils doivent
porter contre la Grande-Bretagne ; quelles
nouvelles expressions ils doivent employer
pour menacer, intimider ou avilir dans leurs

diatribes un gouvernement, un général, une armée qui l'ont vaincu (1)?

Que ce tyran féroce qui naguère faisoit tout trembler, tremble à son tour sur son lit de roses! Que dans ses rêves audacieux, il s'exerce encore à tromper et à effrayer l'Europe par ses menaçantes hyperboles; l'Angleterre ne cessera de le combattre de toutes les manières, de déchirer le bandeau dont il couvre les yeux du Monde, et d'arracher les fers dont il charge les mains de ses esclaves.

Que ses flatteurs, que ses poëtes aient l'air de déplorer le retard de la civilisation qu'il promettoit; qu'ils épuisent leur érudition à le comparer ou à le mettre au-dessus des

_____

(1) « Je suis résolu à pousser les affaires d'Espagne
» avec la plus grande activité, et à détruire les armées
» que l'Angleterre a débarquées dans ce pays. » *Message au sénat, du 4 septembre* 1808.

« Soldats, je vous déclare que j'ai besoin de vous;
» le hideux léopard souille par sa présence le territoire
» de l'Espagne et du Portugal. Que votre aspect le
» remplisse d'épouvante, et lui fasse prendre la fuite.
» Portons nos aigles victorieuses jusqu'aux colonnes
» d'Hercule; là, nous avons un affront à venger. »
Discours aux soldats, le 11 septembre 1808.

héros anciens et modernes ; l'histoire impar-
tiale a déjà fixé sa place au-dessus des Catilina
et des Néron.

En vain il se couvre du manteau impérial ; la pourpre en fut teinte du sang de ses
sujets. En vain il se délecte à contempler les
abeilles dont il l'a parsemé ; semblables à
celles de l'élève de Prothée, elles ont pris
naissance dans les entrailles de ses victimes.

C'est sous ces favorables auspices que
commence la campagne de 1811 en Espagne.
L'armée de lord Wellington a été renforcée
pendant ses triomphes ; elle a été portée à
50,000 hommes, dont 45,000 en état de service effectif (1) ; l'armée alliée compte en
outre 45,000 hommes de troupes réglées portugaises, dont 25,000 sont en campagne :
ainsi l'armée disponible s'élève à 70,000 h.

Que ne doit-on pas attendre d'une force
aussi puissante, commandée par le vainqueur
de Vimeira, de Talavera, de Busaco !

---

(1) Dans ce nombre ne sont pas compris 10,000
hommes en garnison à Cadix et à Gibraltar, qui portent
à 60,000 hommes les forces anglaises dans la péninsule.

(65)

Que ne doit-on pas espérer d'un cabinet qui, au milieu de l'anxiété publique, n'a cédé à aucune crainte pusillanime, et qui semble déterminé à consacrer de nouvelles forces et de plus grands moyens encore au succès final de cette cause qu'il a adoptée comme la sienne !

Que ne doit-on pas attendre encore de ses opérations, dirigées par la volonté et encouragées par l'approbation d'un prince qui partage les sentimens si connus de son auguste père pour le rétablissement de l'ordre social sur ses anciennes bases !

*Quâ dignum te laude feram, qui penè ruenti
Lapsurôque tuos humeros objeceris orbi !*

Mais le prestige de l'invincibilité de l'oppresseur du Monde avoit été détruit à Eylau et à Aspern ; il vient d'achever de s'évanouir sur les rives du Tage.

Tel est le résultat de la campagne de 1810 en Portugal ; tels sont les heureux effets de l'alliance et de l'énergie de deux grands peuples. On peut en présenter le tableau avec une douce satisfaction, avec un juste orgueil ; on ne craint pas d'en voir un seul fait démenti, une seule assertion contredite. Dans

5

cette Angleterre si constamment insultée par
le dominateur de la France , et qui a toujours répondu à ses outrages par des victoires , la vérité est garantie par la liberté
de la discussion et l'indépendance de l'opinion : aussi tous les partis politiques se sont-
ils réunis pour voter par acclamation les re-
mercîmens nationaux à lord Wellington et
à ses braves armées , et pour sanctionner
ainsi , par leurs applaudissemens unanimes ,
ses opérations militaires et politiques. En
vain le Moniteur et ses bulletins chercheront
à peindre cette campagne sous les couleurs
qui conviendront au dépit présent et aux
vues futures de l'empereur des Français , on
pourra toujours y répondre d'un mot : « Vous
étiez venus pour planter vos aigles sur les
forts de Lisbonne, et jeter les Anglais dans
la mer ; et les Anglais vous ont repoussés ,
vous et vos aigles , et ils vous ont chassés
loin du Portugal, après sept mois de la lutte
la plus opiniâtre. Vous étiez , en octobre ,
devant Lisbonne ; vous êtes , en avril , à
Ciudad-Rodrigo. Vous avez infligé des maux
affreux à ce peuple que vous n'avez pu sub-
juguer ; l'Angleterre s'est empressée de les

réparer; et par-là elle a donné le double exemple et de la possibilité de vous résister quand on le voudra fortement, et de la confiance que méritent la foi publique de son gouvernement et les vertus privées de ses habitans. Ce sont là des faits que l'envie ne peut dénaturer, que la haine la plus invétérée ne peut contester à la Grande-Bretagne :

Rectè facta refert, orientia tempora notis
Instruit exemplis, inopem solatur et ægrum.

Hor.

FIN DE LA PREMIÈRE PARTIE.

SECONDE PARTIE.

Biennio ante adeo et Duces Romanos et
milites spreverant, ut vix cum eadem
gente bellum esse crederent, cujus ter-
ribilem eam famam accepissent.

Tit. Liv. *Dec. III. Lib. XXII*, 3o.

Dans la première partie de l'esquisse de
cette campagne, on a laissé lord Wellington
sur la frontière de Castille, ayant vu les
quatre corps de l'armée française, dite du
Portugal, rentrés en Espagne, diminués de
moitié de leur ancien nombre, par la victoire de Busaco, par les maladies, la désertion
et les combats qui signalèrent leur honteuse
et sanglante fuite.

Nous allons aujourd'hui tracer rapidement
la continuation des opérations qui ont suivi
·l'évacuation du Portugal.

AVRIL.

Affaire de Sabugal ; événemens en Estramadoure.

Les restes du sixième et du huitième corps de l'armée française, sous le maréchal Ney et le général Junot, étoient allés chercher des rafraîchissemens, leur paie et des renforts, jusqu'à Salamanque et Zamora : ils perdirent un de leurs chefs, le maréchal Ney, que des ordres supérieurs rappelèrent à Paris.

L'affaire de Sabugal, où le corps entier du général Régnier (le deuxième) fut défait le 3 avril avec perte de deux cents hommes tués et trois cents prisonniers, par la division de troupes légères sous le colonel Beckwith, décida l'évacuation finale du Portugal par les troupes françaises, à l'exception d'une garnison qui fut laissée dans Almeida, sous les ordres du général Brennier. Le 4, les dernières colonnes françaises avoient passé l'Agueda, et la ville d'Almeida restoit livrée à son sort.

Lord Wellington, ayant raison de croire que l'armée française ne seroit pas en état

(70)

d'entreprendre de quelque temps de secourir cette place, fit les arrangemens nécessaires pour son blocus, et profita de la cessation momentanée des opérations actives au Nord pour se porter en Estramadoure auprès de l'armée du maréchal sir William Beresford, laissant à sir Brent Spencer, lieutenant-général, le commandement de l'armée qui restoit sur la frontière de Castille.

La première opération de l'armée de sir William Beresford avoit été, le 24 mars, une affaire de cavalerie qui eut lieu à Lopo de Malto, entre le brigadier-général Long et un détachement français commandé par le général Latour-Maubourg, qui étoit en observation sur la route de Campo-Mayor. Ce détachement fut sabré et mené battant jusque dans Badajoz. Il perdit, outre le colonel Chamorin, du vingt-sixième, officier distingué, six cents hommes tués, blessés et faits prisonniers (1). Il lui fut pris aussi

(1) Dans la relation française de ce combat, il est dit qu'il ne coûta à Latour-Maubourg, qu'une vingtaine de tués, une centaine de blessés légèrement, et une douzaine d'égarés !

seize pièces de canon que l'on ne put emporter faute de chevaux.

Le 7 avril, un escadron du treizième de
dragons britanniques fut surpris près Juramenha par l'ennemi, qui fit en cette occasion soixante-quatre prisonniers (1).

Ce léger malheur fut promptement vengé
par une affaire qui eut lieu, le 16, à Los
Santos, dans laquelle la cavalerie alliée
tomba sur la cavalerie française, lui tua et
blessa beaucoup d'hommes, et lui fit cent
prisonniers (2).

Ce même jour, 16 avril, Olivenza étoit
reprise; cette place se rendoit à discrétion au
major-général Cole, qui y faisoit quatre cent
quatre-vingt-deux soldats et officiers prisonniers, dont quatre-vingt-seize malades seulement (3).

---

(1) Le Moniteur se borne à dire à cette occasion,
que le général Latour-Maubourg, commandant le 5ᵉ
corps, ayant fait reconnoître les avant-postes de Beresford, le général Veilande avoit fait 100 prisonniers.

(2) Cette affaire est entièrement passée sous silence
dans le Moniteur.

(3) Le Moniteur, avec sa franchise connue, disoit que
la garnison d'Olivenza s'étoit retirée à l'approche de Beresford, qui n'y avoit trouvé que 200 malades.

Pendant que l'on prenoit Olivenza, le général Beresford faisoit évacuer l'Estramadoure aux troupes que le maréchal Soult y conservoit. Cette opération terminée, il vint trouver lord Wellington à Elvas. Les deux généraux allèrent reconnoître Badajoz le 22 avril, accompagnés de deux bataillons de la légion germanique, et de deux escadrons de cavalerie portugaise. Trois bataillons sortis de la ville escarmouchèrent avec cette escorte (1).

Les opérations du siége de cette place alloient commencer, mais un débordement subit de la Guadiana ayant emporté le pont que le maréchal Beresford avoit fait construire avec beaucoup de difficultés à Juramenha, et la rivière n'étant plus guéable nulle part, lord Wellington ordonna au général Beresford de différer le siége jusqu'à ce que le pont fût rétabli, tenant toujours Badajoz bloquée aussi strictement qu'il le pourroit.

_____

(1) Lord Wellington, dit le Moniteur, est venu reconnoître Badajoz le 22 ; le général Philippon a fait une sortie avec deux bataillons, et l'a vivement repoussé.

Pendant ce temps, le maréchal Soult étoit allé à Séville pour essayer de calmer les animosités, et de réparer les désordres que la bataille de Barrosa avoit causés parmi les généraux français des trois corps de l'armée du Midi.

Le maréchal Mortier quitta l'armée et prit la route de Madrid et de Paris, laissant le commandement du cinquième corps au général Latour-Maubourg.

De petits corps de troupes espagnoles aux ordres de l'actif Ballasteros et des généraux Zayas et Lardizabal, avoient de fréquentes rencontres avec les détachemens français qui occupoient le comté de Niebla : mais les légers avantages qu'ils remportoient de temps à autre, étoient plus que balancés par les échecs sérieux qu'ils eurent souvent à soutenir.

Le général Blake, un des membres du conseil de la régence d'Espagne, se détermina à partir de Cadix à la tête de huit mille hommes, tirés de la garnison de cette ville, et débarqua avec cette force à Ayamonte, dans le dessein de se réunir à l'armée du maréchal Beresford, qui occupoit alors en

Estramadoure la position que lord Wellington lui avoit indiquée.

Cependant le lieutenant-général sir Brent Spencer, qui avoit été laissé sur la frontière de Castille, chargé de diriger le blocus d'Almeida, et de surveiller les mouvemens de Masséna, informa lord Wellington que l'ennemi réunissoit des troupes sur l'Agueda, et qu'il avoit une force considérable rassemblée à Ciudad-Rodrigo.

Lord Wellington avoit toujours eu l'intention de retourner à son armée du Nord vers la fin d'avril. Cette nouvelle n'accéléra son départ que d'un ou deux jours.

Masséna, informé du départ de lord Wellington pour le Midi, et non moins stimulé sans doute par les reproches sanglans qu'il avoit dû recevoir des Tuileries sur sa campagne, que par l'occasion qu'il crut favorable pour venger sa réputation flétrie, voulut tenter un grand et vigoureux effort, afin de pénétrer au travers des corps d'observation alliés, qui étoient campés entre l'Agueda et la Coa, et débloquer Almeida. Il ne lui étoit plus possible de penser à la conquête du Portugal; mais il crut qu'il se

devoit à lui-même et à son empereur, de
venger, par une seule opération qui réussi-
roit, l'honneur de ses armes avant de quitter pour jamais cette funeste frontière, té-
moin d'une présomption, suivie de tant
de honte.

Elle devoit l'être encore une fois d'une
défaite de l'armée de Portugal. Les journées
des 3 et 5 mai virent deux des plus glorieuses
actions qui décorent la carrière militaire de
lord Wellington.

MAI.

Combats de Fuentes de Onor.

Lorsque Masséna croyoit encore lord
Wellington devant Badajoz, celui-ci étoit
déjà rendu à cette armée qu'il avoit toujours
guidée au chemin de la gloire. Son arrivée
au quartier-général, à la veille d'une action,
fut considérée comme le gage et le précur-
seur de la victoire par des généraux qui l'ad-
mirent comme un modèle, des officiers qui
le regardent comme un ami, des soldats qui
le chérissent comme un père : ce ne fut pas
un vain présage.

Le 2 mai, la totalité de l'armée française,

c'est-à-dire ce qui restoit des 2e, 6e et 8e corps, la portion du 9e, qu'on n'avoit pas incorporée dans les trois autres, et toute la cavalerie qu'on avoit pu rassembler dans les provinces de Castille et de Léon, y compris neuf cents hommes de la garde impériale, et quinze cents hommes de cavalerie qui avoient été laissés en Espagne lorsque Masséna entra en Portugal, passèrent l'Agueda, et s'avancèrent sur Almeida au nombre de plus de quarante-cinq mille hommes, brûlant du desir de la vengeance. L'armée alliée étoit au plus de trente-cinq mille hommes, dont cinq mille étoient employés au blocus d'Almeida.

L'inspection du terrain fit voir sur-le-champ à lord Wellington que le point de Fuentes de Onor seroit celui sur lequel se dirigeroient les principaux efforts de l'ennemi. Ce fut en conséquence sur ce point que le général britannique porta sa principale attention.

Le 3, dans l'après-midi, ce village fut attaqué ainsi qu'on l'avoit prévu, par deux corps entiers, le 6e, le 8e et la cavalerie. Il fut défendu d'abord par cinq bataillons d'infan-

terie légère anglaise et germanique qui y combattirent et s'y maintinrent avec la plus grande
valeur (1); cependant, partie du village ayant
été occupée momentanément par les Français, lord Wellington y envoya successive-
ment trois nouveaux régimens, le 71ᵉ, le 79ᵉ
et le 24ᵉ. Le lieutenant-colonel Cadogan, à
la tête du 71ᵉ, chargea l'ennemi et le chassa
entièrement du village. La nuit seule mit fin
au combat. Les troupes anglaises restèrent
en possession de tout.

Le général français rend lui-même, dans
sa relation de cette affaire, une ample justice à la pénétration et au coup-d'œil de lord
Wellington. « Le général anglais qui voyoit,
» dit-il, une partie de sa ligne coupée par
» l'occupation de ce poste important, ne
» cessa d'y jeter de nouvelles forces, et s'en
» empara. »

_____

(1) Un du 60ᵉ, commandé par le lieutenant colonel
Villiams ;

Un du 42ᵉ, commandé par le major Dick ;

Un du 92ᵉ, par le major Macdonnell ;

Un du 13ᵉ, par le major Carr ;

Et le 3ᵉ de ligne de la légion germanique, par le
major Aly.

La journée du 4 se passa en reconnois-
sances de l'un et de l'autre côté,

Masséna fit marcher le corps du général
Junot d'Alameda à la gauche de la position
que le 6e corps occupoit devant Fuentes de
Onor; lord Wellington fit des mouvemens
correspondans à tous ceux de l'ennemi, et
garnit de troupes et de réserves tous les pas-
sages et tous les points de la ligne suscep-
tibles d'accès.

Cette journée se passa uniquement en
marches, en contre-marches, et en dispositions d'attaque et de défense pour le lendemain.

Le combat se renouvela le 5 au matin. Ce
fut une succession non interrompue de charges
et de manœuvres où, de part et d'autre, il
fut déployé autant d'habileté que de valeur.
La cavalerie française, sous les ordres de
Montbrun, ne cessa pas d'être engagée. Dans
une de ses charges, elle perdit le colonel
Lamotte, du 15e de chasseurs, qui fut pris
avec bon nombre de ses gens. Dans une
autre, elle fut repoussée par le régiment des
chasseurs britanniques; dans une autre occasion, elle le fut par un détachement de l'in-

fanterie légère du duc de Brunswick : le gros de la cavalerie française fut constamment contenu par le feu de la division du major-général Houston.

Mais les principaux efforts de l'ennemi furent dirigés de nouveau contre le village et la position de Fuentes de Onor; on eût dit que le nom seul de ce village animoit les combat-tans, car la bataille qui se donnoit sembloit plutôt un tournoi pour l'honneur de la journée que pour aucun avantage important. Le seul but que Masséna pouvoit se promettre de la victoire, étoit d'emmener la garnison d'Almeida, et d'avoir une occasion de procla-mer à l'armée et à la nation française que l'armée anglaise avoit été défaite. L'armée britannique n'étoit pas moins animée du désir de conserver intacts les lauriers qu'elle avoit cueillis pendant toute la campagne.

Ce village fut encore un théâtre de car-nage pendant toute la journée. Il fut, comme dans celle du 3, pris et repris successive-ment; mais jamais les troupes françaises ne purent en rester maîtresses que pour un mo-ment. Lord Wellington y faisoit arriver sans cesse de nouveaux renforts, qui bientôt en

chassoient l'ennemi. Ce sont ces mouvemens
qui firent dire au général français, dans sa relation ; que les corps de l'aile droite anglaise
s'enfuyoient dispersés vers le centre où ils
pouvoient se réunir derrière les régimens
anglais qui venaient en toute hâte de la
gauche.

Il est vrai que, d'un autre côté, le général
français est convenu de l'habileté que son
adversaire déploya dans tout le cours de cette
journée. Dans un endroit, il observe « que
» les villages de Fuentes de Onor et de Villa-
» Formosa, se trouvoient situés dans deux
» ravins très-rocailleux et très-difficiles ; que
» lord Wellington remplit ces ravins de ti-
» railleurs, garnit les revers de beaucoup
» d'artillerie, et occupa le sommet du pla-
» teau par trois grands carrés. » Dans un
autre, Masséna prétend, « que sa cavalerie
» enfonça ces trois grands carrés, mais qu'a-
» vant que son infanterie pût arriver, l'ennemi
» avoit eu le temps de couvrir le sommet du
» plateau de plusieurs lignes d'infanterie an-
» glaise et d'une nombreuse artillerie ; qu'il
» avoit jeté de nouvelles troupes dans Fuentes
» de Onor, et qu'il en avoit également garni

(81)

» Villa Formosa à sa droite. Les divisions
» Ferey et Claparède, dit-il encore, atta-
» quoient vigoureusement Fuentes de Onor,
» et en chassèrent plusieurs fois l'ennemi;
» mais aussitôt qu'elles arrivoient au sommet
» du village, elles étoient foudroyées par
» l'artillerie. Les Anglais n'avoient cessé d'y
» jeter des renforts considérables de leurs
» meilleures troupes, et de les faire attaquer
» à travers les rochers qui se trouvoient sur
» le flanc droit. »

Un instant après, il ose dire « qu'il a cul-
» buté et battu toute l'aile droite anglaise, et
» gagné plus d'une lieue de terrain sur elle; »
cependant il avoue, dans le même paragraphe, « que lord Wellington avoit passé la
» nuit qui avoit suivi la bataille, à retrancher
» fortement le sommet du plateau; qu'il
» avoit disposé également des épaulemens
» dans les ravins, et derrière les rochers;
» qu'enfin, il avoit barricadé les sommets
» des villages de Fuentes de Onor et de Villa-
» Formosa, appelant ainsi à son secours
» toutes les ressources de la fortification
» contre une attaque si vive. »

Si l'armée française avoit gagné plus d'une

6

lieue de terrain sur l'aile droite de l'armée
anglaise, comment se fait-il que Fuentes de
Onor, le grand objet du combat, n'eût pas
été tourné et pris? Mais si, outre cette con-
tradiction palpable, l'on avoit besoin d'un
aveu bien plus frappant encore, de la part
de l'ennemi lui-même, du triomphe complet
de l'armée alliée dans cette affaire mémo-
rable, on le trouveroit dans le paragraphe
de la relation du maréchal Masséna, qui suit
immédiatement ceux que l'on vient de citer.
« Afin, » y est-il dit, « de pouvoir profiter
» des avantages de cette journée, mon in-
» tention est de m'approcher d'Almeida. »
Or, comment s'est-il approché d'Almeida?
Après avoir resté trois jours à délibérer
sur la manière dont il pourroit s'approcher
de cette place, le 9 au soir il se retira en
totalité et repassa l'Azava, couvrant sa
retraite d'une nombreuse cavalerie, et le 10,
traversant l'Agueda, il abandonna Almeida
à son sort. Le second corps se retira de même
par le pont de Barba del Puerco.

C'est ainsi qu'il profita de ses prétendus
avantages!

L'armée de Portugal s'éparpilla alors une

seconde fois dans ses cantonnemens de la Castille et de Léon. Les morts qu'elle laissa dans le seul village de Fuentes de Onor, au nombre de six cents, furent enterrés par l'armée britannique. On évalua sa perte, dans les deux journées, à huit mille hommes mis hors de combat. Dans ce nombre, plus de deux mille furent tués ; cinq généraux et trois mille hommes blessés furent envoyés à Salamanque. La perte de l'armée alliée monta à deux cent vingt-cinq tués, onze cents blessés, et trois cents prisonniers. La proportion de la perte des Portugais dans ce nombre, fut de deux cent soixante-dix-huit hommes, ce qui prouve avec quelle valeur ils combattirent. Le général espagnol don Julian Sanchès, qui commande un petit corps de guérillas dans la Castille, contribua au succès général de l'action, en maintenant à Nave-d'Aver, à l'extrémité de la droite de l'armée alliée, le poste qui lui avoit été confié par lord Wellington, et en poussant des détachemens pendant l'affaire jusqu'à Ciudad-Rodrigo. Lors de la retraite des Français, il leur tua bon nombre d'hommes, et particulièrement des mamelouks.

6.

Cette victoire fut d'autant plus glorieuse,
que l'armée de Masséna consistoit en quarante mille hommes d'infanterie et cinq mille
de cavalerie ; que ces troupes avoient eu
environ un mois pour se rafraîchir et se
réorganiser après leur évacuation du Portugal ; qu'elles attaquoient, et qu'elles n'avoient
devant elles que vingt-huit mille hommes
d'infanterie et deux mille de cavalerie. Mais,
outre cette supériorité numérique, elles en
avoient sur l'armée alliée une très-grande
par l'état de foiblesse où la rareté des four-
rages, la fatigue que les chevaux avoient
éprouvée pendant la poursuite, avoient réduit
la cavalerie britannique, et par le détachement d'une brigade qui avoit été envoyée
en Estramadoure au maréchal Beresford.

C'est cette considération qui empêcha lord
Wellington de devenir assaillant à son tour.
Il auroit fallu qu'il réunît pour cela toutes
ses troupes ; et si le succès avoit été même
balancé, Masséna auroit pu profiter de ce
rassemblement de toutes les forces alliées,
pour faire jeter des secours dans Almeida.

On en a dit assez pour faire voir que lord
Wellington, quoiqu'arrivé à son armée seu-

lement la veille de la première affaire, avoit
prévu tous les mouvemens possibles de l'ennemi, et qu'il y avoit pourvu. On a vu qu'il
avoit fait en un instant toutes ses dispositions
pour fortifier les principaux points qui pouvoient être attaqués, et y envoyer sur-le-
champ des renforts. En effet, l'ennemi eut
beau employer tous ses moyens, faire usage
de toutes ses ressources, développer tous ses
talens militaires et toutes ses facultés phy-
siques pour s'en rendre maître, il trouva
partout le génie de lord Wellington, et des
obstacles insurmontables. Ce fut une lutte
d'habileté et de talens militaires, un conflit
de positions et de manœuvres, dans lequel
Masséna fut encore vaincu une fois.

Une seule circonstance vint jeter un foible
rayon sur la gloire expirante de cette armée;
ce fut un coup de désespoir que fit le général
qui commandoit à Almeida. Le 11, ayant perdu
toute espérance d'être secouru, le général
Brennier prit le parti d'évacuer Almeida
dans la nuit, et d'essayer de se frayer, en
colonne compacte, au moyen de l'obscurité
et du silence, un chemin au travers des différens corps de troupes anglaises qui blo-

quoient la place, et y parvint jusqu'à un
certain point : il rejoignit le corps de Régnier,
mais il perdit avant sa réunion le tiers de sa
garnison. Il dut son salut à l'erreur qui fit
manquer au 4e régiment la route de Barba
del Puerco. Du reste, ce coup de main
vigoureux et décidé obtint justice des ennemis même du général français.

Masséna, désespérant de faire à l'avenir
aucune impression sur le Portugal, partit
dans le même mois pour Paris, et après avoir
traversé l'Espagne avec beaucoup de difficultés et de risques, malgré une escorte de
deux mille hommes, il parvint enfin dans la
capitale, où il exhiba, à son arrivée, le
triste spectacle du favori de la victoire qui
venoit d'être vaincu, pendant huit mois
consécutifs, par une armée et un général
britanniques, et des milices portugaises.

Il y fut bientôt après suivi par les généraux
Junot, Loison, et plusieurs autres chefs de
l'armée de Portugal. Leur présence à Paris
suffit aujourdhui pour désabuser les lecteurs
du Moniteur des impertinences et des absur-
dités que ce journal officiel n'avoit cessé de
vomir durant tout l'hiver, et que nous avons
déjà eu occasion de relever.

Un autre maréchal d'Empire, Marmont, fut envoyé des provinces illyriennes aux provinces lusitaniennes, prendre le commandement en chef de cette armée, à laquelle, par une espèce de décence politique, on crut devoir conserver le nom d'armée du Portugal. Cependant, le nord fut subordonné au midi, et le duc de Raguse fut sous les ordres du duc de Dalmatie.

Bataille d'Albuera.

Le duc de Dalmatie, plus connu sous le nom du maréchal Soult, se mit en marche de Séville pour Badajoz le 10 mai, c'est-à-dire, le même jour que les Français se retiroient pour jamais du nord du Portugal. Le 13, il fit sa jonction à Zafra avec le général de cavalerie Latour-Maubourg, qui avoit remplacé le maréchal Mortier dans le commandement du 5e corps. Marchant avec une rapidité extraordinaire, cette armée se trouva, le 16 mai au matin, devant la petite rivière d'Albuera, forte d'au moins vingt-huit mille hommes, dont une grande proportion de cavalerie.

L'armée alliée, aux ordres du maréchal Beresford, consistoit en troupes britanniques, portugaises et espagnoles. Les dernières étoient composées du petit corps de Castanos, dont la cavalerie étoit sous les ordres du comte de Penne Villamur; du corps du général Ballesteros, et de celui du général Blake, qui avoit joint dans la nuit du 15 au 16. Toutes ces forces réunies montoient à environ vingt-cinq mille hommes, dont huit mille Anglais, sept mille Portugais et dix mille Espagnols.

L'objet du mouvement en avant de l'armée française étoit de venir au secours de Badajoz, dont l'investissement avoit été complété dès le 3, aussitôt que la baisse des eaux de la Guadiana eut permis le transport des munitions et de l'artillerie de siége.

La rapidité de la marche du maréchal Soult, et l'intention qu'il annonçoit de risquer une bataille générale, ne permirent pas au maréchal Beresford de morceler ses forces. Il donna sur-le-champ l'ordre de suspendre les opérations contre Badajoz, et fit reporter à Elvás les canons et les munitions qu'on avoit rassemblés pour le siége. De cette manière, toutes ses forces se trouvèrent réunies,

le 16, pour recevoir l'attaque de l'armée
française. Ce ne fut même que le matin du
jour où la bataille fut donnée, qu'il fut joint
par le corps du général Blake et par la division du général Cole, qui avoit été laissée
devant Badajoz, afin de couvrir le transport
de la grosse artillerie et des munitions.

L'attaque commença à neuf heures du
matin. Les Espagnols étoient sur une hauteur
à la droite, ayant à leur gauche la division
anglaise du général Stuart et la division portugaise du général Hamilton. Les Français
firent une démonstration sur la gauche de
l'armée alliée, et profitant du temps qui mas-
quoit leurs opérations, ils dirigèrent leur
principal corps et tous leurs efforts contre la
position que les Espagnols occupoient à la
droite. Les troupes espagnoles résistèrent
avec intrépidité à cette attaque concentrée;
mais elles furent à la fin contraintes de céder
momentanément à des forces supérieures, et
elles furent dépostées de la hauteur qu'elles
occupoient. Cependant, à l'honneur immortel de ces troupes, elles se rallièrent dans le
ravin, retournèrent sur l'ennemi, et le con-
tinrent par leur feu jusqu'à ce que les bri-

gades anglaises et portugaises et la réserve
vinssent à leur appui. La bataille fut disputée
avec une opiniâtreté sans égale. L'ennemi,
supérieur en artillerie et en cavalerie, y
multiplia ses attaques avec ces deux armes.
Une brigade anglaise, consistant en trois
régimens, sous le lieutenant-colonel Colborne,
chargea à la baïonnette ; mais, surprise par
un régiment de lanciers polonais qu'un orage
de pluie l'empêcha de découvrir et de reconnoître à temps, elle éprouva, sans vouloir
céder un pouce de terrain, une perte considérable. Cependant la brigade du général
Cole ayant débordé les Français par leur
flanc gauche, et faisant une charge combinée
avec les autres troupes, on parvint à chasser
l'ennemi de cette hauteur qui commandoit
toute la ligne britannique. Au moment où ils
en furent chassés, ils se trouvèrent rompus,
et ils furent culbutés avec un carnage prodigieux. Jamais peut-être on ne vit plus de
victimes de la guerre entassées dans un même
endroit que sur le revers de cette hauteur.
Les Français y laissèrent mille blessés au
pouvoir de l'armée alliée.

La bataille, qui avoit commencé à neuf

heures du matin, ne finit qu'à deux heures
après midi ; on combattit de part et d'autre
avec un acharnement sans exemple : chacun
fit son devoir; Espagnols, Anglais et Portugais, agirent avec une harmonie parfaite, et
semblèrent rivaliser entr'eux à qui auroit le
principal honneur de la journée , et ils l'eurent
tous également. Nombre de traits héroïques
signalèrent cette bataille. Le général en chef
Beresford s'y battit corps à corps avec un
cavalier ennemi, et le renversa à ses pieds ;
le général Blake eut ses habits percés de
balles; le major-général Houghton , ancien-
nement aide-de-camp du marquis de Wellesley , et son ami de cœur, ainsi que de son
frère lord Wellington, fut tué en menant sa
brigade à la charge et l'encourageant : un
bataillon du troisième régiment d'infanterie
anglaise se laissa détruire presque en entier
plutôt que d'abandonner son poste ; de jeunes
officiers se dévouèrent pour conserver leurs
drapeaux. La perte des Anglais et des Portugais fut, en tués, blessés et prisonniers, de
quatre mille trois cents hommes , dont deux
cent vingt officiers. La proportion des Portugais, dans ce nombre, fut de trois cent

quatre-vingt-huit hommes. La perte des
Français fut au moins de neuf mille hommes.
En vain leur général voulut-il, dans sa relation à son maître, la réduire à deux mille
huit cents hommes ; outre trois mille morts
et mille blessés restés sur le champ de bataille,
le général de division Gazan, dans une lettre
écrite trois jours après la bataille, et inter-
ceptée, annonçoit à son chef « que la colonne
des blessés qu'il étoit chargé de conduire à
Séville, étoit de plus de quatre mille hommes,
pour lesquels il n'y avoit que cinq chirur-
giens. » La chaleur et le défaut de soin firent
périr un grand nombre de blessés. Les deux
généraux français, Pepin et Werle, furent
tués ; trois autres généraux, Gazan, Maransin
et Brayer, furent blessés. Cinq colonels français y périrent. Les alliés n'y perdirent que
le major-général Houghton et deux lieutenans-
colonels tués, mais ils eurent deux généraux
et six lieutenans-colonels blessés.

Les Français étoient un peu inférieurs en
infanterie ; mais ce désavantage étoit plus
que compensé par la supériorité qu'ils avoient
en cavalerie et en artillerie. Il fallut toute la
fermeté et l'intrépidité des troupes alliées

pour qu'elles ne fussent pas ébranlées par les charges répétées de l'une, et par les décharges continuelles de l'autre.

Le maréchal Soult se retira le jour même de la bataille à la position qu'il occupoit la veille : c'est ce qu'il appela, dans sa relation, *garder le champ de bataille*, et pourtant il convenoit, dans cette même relation, « qu'il avoit laissé trois cents blessés dans les rangs de l'ennemi. » Le 17, il commença sa retraite sur Llerena, à vingt lieues dans le sud du champ de bataille ; il appela cette marche rétrograde *un mouvement de flanc*. Ce mouvement, il essaya de le justifier, en écrivant qu'il ne l'avoit fait que pour protéger l'arrivée à Séville du général Gazan avec les prisonniers anglais et espagnols, et ses blessés ; qu'il manœuvreroit ensuite pour se joindre à d'autres troupes, et qu'il viendroit *compléter la défaite de l'ennemi.*

Ce n'étoit point là ce qu'il avoit annoncé à ses troupes dans la proclamation qu'il leur avoit adressée à son départ de Séville. Ce n'étoit point ce qu'il leur annonçoit lorsqu'il les haranguoit dans leur marche sur le succès indubitable qui les attendoit. Il avoit anticipé leur triomphe ; l'armée anglaise devoit être dispersée ; Badajoz devoit être secouru. Au lieu de cela, il étoit réduit à manœuvrer pendant un mois pour compléter cette défaite (1).

Le dominateur de la France ne fut point la dupe de tous ces mensonges. On vit avec rage aux Tuileries que les deux grandes opé-

---

(1) On transcrit ici avec plaisir les expressions du général Castanos, dans sa dépêche au conseil de régence :

« Ayant observé de près, dit-il, cette bataille terrible, je ne chercherai point à particulariser aucun individu; car tous, généraux, officiers et soldats, se sont surpassés en valeur et en fermeté. Ils ont déployé un sang-froid et en même temps une ardeur qui ont excité un enthousiasme universel. L'ordre, la précision et la vivacité des mouvemens, au milieu d'un profond silence, peu commun dans des occasions semblables, ont été des objets d'admiration générale. Le seul desir étoit de combattre et de vaincre, quel que fût le danger. Les généraux de brigade, sans attendre que le gros de leur division fût engagé, combattoient déjà côte à côte des troupes les plus avancées. Il n'y avoit pas un homme qui ne fût à son poste, et chacun étoit déterminé à le maintenir, avec cette valeur qui est le triomphe du caractère militaire. »

rations ordonnées simultanément ; avoient complètement échoué ; que ni Alméida ni Badajoz n'avoient été secourues; que l'Angleterre avoit trouvé dans son sein deux généraux qui, non-seulement n'avoient pas craint de se mesurer avec les deux premiers maréchaux de l'empire français, mais qui même les avoient battus à forces inférieures ; et enfin, que ce même Wellington qui, quelques mois auparavant, devoit être jeté dans la mer , avoit trouvé moyen de former avec sa poignée d'hommes deux armées qui venoient de rejeter elles-mêmes dans le cœur de l'Espagne les plus fameux et les plus nombreux corps de l'armée française.

Le plan de la guerre d'Epagne fut alors totalement changé, suivant la grande maxime militaire adoptée et si souvent mise en pratique par Buonaparté, qui est de sacrifier tous les objets secondaires à un but principal, et de frapper un coup dont la réussite entraîne après elle tous les points inférieurs. On crut qu'en faisant un mouvement rapide et combiné de toutes les forces disponibles des corps français dans l'ouest de l'Espagne , et en les concentrant toutes dans les mains de Soult , on feroit lever le siége de Badajóz, et qu'on livreroit en même temps une bataille générale qui décideroit le sort de la péninsule en anéantissant l'armée alliée.

Les ordres furent donnés en conséquence.

JUIN.

Le maréchal Marmont se mit en marche dès le 1er juin vers le Tage, avec vingt-cinq mille hommes. Il arriva à Mérida le 17 au soir. Il regardoit si peu l'armée du maréchal Soult comme victorieuse, que, dans sa lettre au maréchal Berthier sur sa marche, il en commence le rapport par exposer les efforts qu'il a faits pour mettre l'armée en état d'entrer en campagne et de manœuvrer *pour secourir l'armée du Midi*; or, on ne secourt pas une armée victorieuse.

Les troupes de l'armée du Midi furent renforcées en outre de partie de la garnison de Madrid, de ce qu'on appelle l'armée du centre, des bataillons du neuvième corps, qui avoient été pendant et depuis la campagne de Portugal, sous les ordres du général Drouet, et qui appartenoient à l'armée d'Andalousie (1) ; de partie du corps de Victor, chargé du blocus de Cadix, et de quelques régimens tirés du quatrième corps que commandoit le général Sébastiani.

On avoit encore fait marcher trois régimens des bords de l'Ebre et jusqu'à la garnison de Catalayud ; enfin on n'avoit laissé que quatre cents hommes de garnison à Salamanque, Benavente et Toro ; tant les ordres et le besoin de secourir le général victorieux étoient urgents !

La réunion successive de toutes ces troupes formant alors un total de soixante-cinq mille hommes, s'opéra du 12 au 19 juin, entre Mérida et Badajoz.

Lord Wellington instruit par le maréchal Beresford, de la marche de Soult pour venir au secours de Badajoz, étoit parti de la frontière de Castille le 16 mai, le jour même où se donnoit la bataille d'Albuera. Il arriva à Elvas avec la même rapidité qu'il avoit mise à se porter quelques jours auparavant d'Elvas

_____

(1) Ces bataillons étoient partis de Salamanque, le 15 mai, et étoient passés par Madrid et par Cordoue, pour joindre Soult. Ils montoient à 12,000 hommes.

7

à Fuentes de Onor, pour combattre Masséna.
Mais Soult ayant mis cette fois dans ses opérations plus d'activité que son compagnon
d'armes, l'honneur de la victoire avoit été le
lot glorieux du lieutenant de lord Wellington.

Dès l'arrivée de celui-ci à l'armée du Sud,
il ordonna le réinvestissement de Badajoz.
Les munitions et l'artillerie y furent trans-
portées de nouveau, et le 29 mai la tranchée
fut ouverte. Les renforts que lord Wellington
avoit fait venir de l'armée du Nord, étant
arrivés long-temps avant ceux que Soult
attendoit, et l'armée britannique se trouvant
par cette opération habilement calculée et
cette marche rapide, avoir deux semaines
d'avance sur l'ennemi, lord Wellington crut
que cet intervalle lui suffiroit pour se rendre
maître de cette place importante. Il se trompa
malheureusement dans l'opinion qu'il s'étoit
formée de la qualité des moyens dont il dis-
posoit pour cela.

Deux assauts infructueux tentés le 5 et le
9 mai contre le fort Saint-Christoval, don-
nèrent la conviction qu'il faudroit encore
une semaine pour pouvoir en prendre possession, mais le temps manquoit pour compléter

les travaux. L'armée ennemie s'avançoit avec
une telle supériorité, que la levée du siége
fut ordonnée (1). On le convertit momentanément en blocus.

Le premier assaut coûta à l'armée alliée
cent soixante hommes tués, blessés ou prisonniers ; le second en coûta quatre cents
quatre-vingt-cinq. Cette perte a été exagérée
et portée à trois mille hommes dans les rap-
ports et dans les proclamations mensongères
des généraux français. Il n'y en eut jamais
autant d'employés à l'attaque de cette place.

Le 17, le blocus de Badajoz fut levé, et le
même jour l'armée repassa la Guadiana, sans
éprouver aucune perte de quelque nature
que ce fût, quoiqu'on ait osé dire dans les
bulletins du Moniteur, qu'on lui avoit pris
une partie de son artillerie de siége.

Lord Wellington rentra alors sur la frontière du Portugal ; il y plaça son armée dans
une position retranchée, non moins inexpu-

(1) L'armée ennemie étoit, ainsi qu'on l'a déjà dit,
de 65,000 hommes, dont 7000 de cavalerie, celle
des alliés n'étoit en tout que de 50,000 hommes, dont
3500 de cavalerie. Sur ce nombre, la proportion des
Anglais étoit de 29,000.

gnable que celle de Torres-Vedras, sa droite
s'appuyant sur la citadelle d'Elvas, et sa
gauche s'étendant jusqu'à Portalegre. Il a été
joint dans cette position par deux divisions
des forces qu'il avoit laissées sur la frontière
de Castille sous le lieutenant-général sir Brent
Spencer.

En exécutant ce changement de position (1), lord Wellington n'a point négligé
les diversions qui pouvoient être utiles à la
cause commune ; et, dès le 20 juin, le général
Blake étoit parti avec le corps qu'il avoit
amené de Cadix, afin de se porter dans le
Sud, et de partager l'attention et les forces de
l'ennemi.

Le général anglais n'a pas cru que le moment fût encore arrivé pour lui de recevoir
la bataille que les Français venoient lui livrer
dans un pays de plaine, avec une immense
cavalerie. Il savoit que trois mille hommes

---

(1) Lord Wellington ne fit ce mouvement que pour
s'assurer d'une position où il pourroit combattre l'ennemi avec plus d'avantage que sur l'Albuera, où la
nombreuse cavalerie que celui-ci avoit amenée lui auroit donné une supériorité trop grande.

de cette arme étoient en route d'Angleterre
pour le joindre (1), et qu'il lui arrivoit en
outre dix mille hommes d'infanterie qui rem-
placeront, et au-delà, les pertes que l'armée
alliée peut avoir essuyées depuis quatre mois.
La prudence lui a fait en cette conjoncture
une loi de maintenir la défensive, et de s'y
borner. Outre l'exemple récent que la campagne de Masséna lui avoit donné de la bonté
de ce système, il connoissoit trop bien l'Estramadoure pour ne pas savoir qu'une armée
aussi considérable que celle du maréchal
Soult, entassée dans une province dévastée
et insalubre, ne pouvoit y subsister long-
temps, et éviter les maladies ; et il avoit prévu
qu'avant peu elle seroit obligée de se disper-
ser pour se procurer des subsistances.

Il est encore une autre considération qu'il

_____

(1) Tant que la guerre étoit bornée, pour l'armée
alliée, au Portugal, pays de montagnes et de chicanes,
une nombreuse cavalerie devenoit inutile. Dès qu'il y a
eu une perspective d'agir avec quelque avantage en
plaine, lord Wellington a reçu la cavalerie qui lui
manquoit. Il a maintenant ou va avoir incessamment
6 à 7000 hommes de cavalerie anglaise sous ses ordres.
On sait quelle est la réputation de cette arme.

n'a jamais dû, et qu'il ne peut jamais perdre
de vue. L'armée anglaise et portugaise est la
seule qui existe dans la péninsule. Les corps
espagnols qui se sont formés en diverses provinces, quelque nombreux, braves et bien
disposés qu'ils soient, ne peuvent pas être
considérés comme de véritables armées. Lord
Wellington ne peut donc, conséquemment
jamais chercher à compromettre la sienne
sans nécessité. Son objet doit être de la tenir
toujours rassemblée en plus grande masse
possible sur la frontière de Portugal. (Quant
à la possibilité de la conquête de ce royaume,
une assez longue expérience doit maintenant
l'avoir reléguée au rang des chimères.) Tant
que lord Wellington gardera son armée
réunie de cette manière, les Français seront
obligés de se tenir eux-mêmes à de petites
distances, et le plus concentrés possible, afin
de pouvoir s'opposer aux irruptions sou-
daines que l'armée alliée pourroit faire sur
quelques-unes de leurs positions. Ce plan de
campagne a l'avantage de donner aux partisans espagnols, dit guérillas, la faculté
d'agir, et aux troupes des provinces septen-
trionales les moyens de s'organiser complé-

tement, et de délivrer entièrement le Nord
de l'Espagne; ce qui a déjà eu lieu en grande
partie. Du moment où les généraux Soult et
Marmont jugeront nécessaire de se reporter,
ou dans le Sud ou dans le Nord de l'Espagne,
pour faire tête à ces nouveaux ennemis qui
sortent de toutes parts de sous terre autour
d'eux, comme ceux que la fable fait naître
des dents du dragon de Cadmus, alors lord
Wellington devient libre d'agir sur le point
vulnérable qu'il choisit, et d'y faire peser
tout le poids de ses armes. Si ce mouvement
oblige nécessairement les corps d'armée
français à se réunir et se concentrer de nouveau, les guérillas rentrés dans leurs montagnes reparoissent derechef dans la plaine
sur les derrières de la grande armée française,
et y portent encore la terreur et la désola-
tion.

C'est ce mouvement prolongé d'oscillation
qui paroît former aujourd'hui le plan des
opérations du général anglais; et l'on ose
croire que ni Fabius, ni Wallstein, ni Tu-
renne ne l'auroient désavoué.

Du haut de ces montagnes, où il tient
l'armée alliée prête à agir en corps, après

avoir été renforcée de plus de douze mille hommes, lord Wellington oblige aujourd'hui l'armée française à ne point trop se dissé-miner, et il la tient en quelque sorte sous sa main, prêt à descendre pour la punir dès que le moment sera arrivé, prêt également à observer et suivre tous ses mouvemens au Nord et au Sud.

Il a vu que son ennemi avoit risqué le tout pour le tout dans presque toutes les provinces de l'Espagne, afin d'opérer cette merveilleuse réunion dans les plaines de l'Estramadoure ; et il a dû espérer que les Espagnols tireroient tous les avantages possibles de cette concen-tration téméraire. Il n'a point été déçu dans cet espoir. Les armées provinciales se sont réformées (1), les partisans se sont partout remontrés plus actifs que jamais ; Astorga a

_____

(1) Nous ne pouvons pas oublier de mentionner ici l'armée de Galice, qui se forme en ce moment avec rapidité sous les ordres du général Abadia, officier dis-tingué et indiqué pour ce service exprès par l'appro-bation et l'estime de lord Wellington, bon juge en fait de mérite. L'intégrité du général Abadia garantit que les moyens immenses qui lui sont envoyés de Cadix et d'An-gleterre, ne seront ni négligés ni dilapidés.

été reprise; la Galice et les Asturies ont été évacuées; des convois considérables et importans ont été interceptés, et déjà, à la fin de juin, la difficulté de faire vivre la grande armée paroissoit occuper l'attention de ses généraux beaucoup plus que l'envie de faire aucune entreprise sur les positions de l'armée alliée.

Pendant cet intervalle, celle-ci se rééquipe, ses blessés se rétablissent, des renforts lui arrivent, pour ainsi dire, avec chaque marée qui vient baigner les murs de Lisbonne; le vainqueur de Barrosa est arrivé de Cadix pour combattre et vaincre encore sous lord Wellington: de nouvelles troupes portugaises se forment à Cintra à l'exemple des anciennes; et tandis que les braves et loyaux enfans de la Lusitanie sont toujours en armes pour leur religion, leur souverain et leur pays, leurs pères réédifient leurs demeures brûlées par les ennemis des hommes; les pontifes relèvent leurs autels renversés ou profanés par les ennemis de Dieu.

Le seul résultat de cette dernière concentration si hasardeuse, et dont les suites funestes pour les Français ne tarderont pas

à se développer, a été la levée momentanée
du siége de Badajoz ; résultat bien léger sans
doute si on le compare avec la grandeur des
moyens employés pour l'obtenir. Il a cependant procuré au saltinbanque, qui semble
être continuellement sur des tréteaux, pour
amuser les uns et effrayer les autres par un
jargon figuré et hyperpolique que tout autre
que lui rougiroit d'employer. — Il lui a procuré, disons-nous, l'occasion de menacer
l'Angleterre *d'un coup de tonnerre, qui
doit*, selon lui, *mettre fin aux affaires de
la péninsule* : mais avec les *conducteurs*
habiles dont elle se glorifie, la Grande-Bretagne peut défier et défiera encore long-
temps tous les foudres des Tuileries.

Cependant voici la quatrième année qui
s'écoule depuis que les premières troupes
anglaises ont débarqué dans la péninsule
pour en tenter la délivrance. A entendre les
déclamations du haut du nouveau trône impérial de France, les premiers regards de
l'aigle français devoient jeter le léopard dans
la mer, et le forcer de remonter sur ses vaisseaux. Le léopard a fixé l'aigle : et loin de
craindre d'être forcé de se retirer, le général

britannique a renvoyé en Angleterre les
bâtimens qui devoient le ramener fugitif.
Il a fallu changer alors à Paris l'espèce et
la nature des menaces déclamatoires qu'on
adressoit à la Grande-Bretagne. Il a fallu
faire effet d'une autre manière. Les con-
seillers du trône moderne voyant que la terreur des armées françaises, le prestige de
leur invincibilité qui a déjà renversé tant de
murailles et subjugué tant de généraux, les
exagérations de nombre, les vaines rodo-
montades venoient se briser contre la persévérance, le sang-froid, la confiance en
Dieu, le patriotisme et l'amour du devoir
qui animent deux gouvernemens fermes, et
deux nations fières et sensibles, — ces con-
seillers cherchent aujourd'hui à faire prendre
le change à l'Europe, en annonçant une
lutte d'un nouveau genre entre le pays usur-
pateur et le pays conservateur de l'indépendance sociale. Le destructeur menace bien
encore son rival d'un coup de foudre : ces
expressions fulminantes, éclairs d'une ima-
gination qui ne rêve qu'envahissement,
orages du cœur du moderne Philippe, qui
craint de laisser quelque chose à glaner à
son petit Alexandre, n'ont pas encore été

entièrement rayées du grand vocabulaire
des Tuileries et du Luxembourg. Mais ces
oracles fougueux d'autrefois sont aujourd'hui
accompagnés d'un commentaire qui en
émousse les traits, en mettant des condi-
tions à leur exécution. « L'Angleterre, »
dit-on à l'Europe, qui doit être bien dé-
sabusée aujourd'hui de ces forfanteries
orientales, « l'Angleterre a compris que
» cette guerre tournoit à sa fin, et que les
» intrigues et l'or n'étoient plus suffisans
» désormais pour la nourrir. Elle s'est trouvée
» contrainte à en changer la nature, et
» d'auxiliaire elle est devenue partie princi-
» pale. Tout ce qu'elle a de troupes de ligne
» a été envoyé dans la péninsule : l'Angle-
» terre, l'Ecosse, l'Irlande sont dégarnies.
» Le sang anglais a enfin coulé à grands
» flots dans plusieurs actions glorieuses pour
» les armes françaises..... Cette lutte contre
» Carthage, qui paroissoit devoir se décider
» sur les champs de bataille de l'Océan, ou
» au-delà des mers, le sera donc désormais
» dans les plaines des Espagnes ? Lorsque
» l'Angleterre sera épuisée, qu'elle aura
» enfin ressenti les maux qu'avec tant de

» cruauté elle verse depuis vingt ans sur le
» coutinent, que la moitié de ses familles
» seront couvertes d'un voile funèbre, un
» coup de tonnerre mettra fin aux affaires
» de la péninsule, aux destins de ses ar-
» mées, et vengera l'Europe et l'Asie en
» terminant cette seconde guerre punique. »

Et dans un autre endroit : « Les Anglais
» mettent en jeu toutes les passions. Tantôt
» ils supposent à la France tous les projets
» qui peuvent alarmer les autres puissances,
» projets qu'elle auroit pu mettre à exécu-
» tion s'ils étoient entrés dans sa politique :
» tantôt ils font un appel à l'amour-propre
» des nations pour exciter leur jalousie ; ils
» saisissent toutes les circonstances que font
» naître les événemens inattendus des temps
» où nous nous trouvons; c'est la guerre sur
» toutes les parties du continent qui peut
» seule assurer leur prospérité. »

Oui, l'Angleterre met en jeu toutes les
passions, mais ce sont les passions nobles et
exaltées qui portent l'homme à être loyal et
fidèle à ses princes, à venger les outrages
qui leur sont faits, à combattre pour sa propre
indépendance, pour celle de son pays et
pour celle de ses fils, à défendre l'honneur

de ses femmes, l'innocence de ses vierges ;
la sainteté des tombeaux de ses pères, la di-
vinité de ses autels.

Oui, les Anglais saisissent toutes les circonstances que font naître tous les événemens
inattendus des temps où nous nous trouvons;
mais, qui les fait naître ces événemens dits
inattendus, si ce n'est le dominateur de la
France? Qui a réuni et réunit encore aujour-
d'hui, au nord et au sud, tous les petits Etats
qui sont à sa convenance? Est-ce l'Angleterre ou la France qui a envahi le Valais,
Rome, la Hollande, les villes anséatiques?
Et, pourquoi appeler *inattendues* des atrocités que l'on cherche à pallier ou justifier
après qu'on les a commises, en disant impu-
demment, du haut du trône, *qu'elles étoient
prévues* (1)?

Oui, les Anglais sont le seul peuple qui
devine la pensée du tyran du Monde; leurs
ministres, le seul gouvernement qui le dé-
masque; leurs généraux, leurs soldats et les
alliés qui combattent avec eux; les seules

(1) La réunion du Valais avoit été prévue dès l'acte
de médiation, etc. (*Discours au corps législatif, du*
16 *juin* 1811).

troupes qui l'aient constamment défié et battu,
d'abord à Saint-Jean-d'Acre, à Alexandrie, à
Maida, à Vimeira, à la Corogne, puis à Talavera, à Busaco, à Barrosa, à Fuentes de
Onor, à Albuera.

Oui, les ministres anglais cherchent à ra-
nimer, parmi toutes les puissances et chez
toutes les nations, les étincelles d'énergie et
d'honneur que le despote de l'Europe cherche
à étouffer partout; ils s'adressent à leur intérêt, à leur fierté; ils leur prouvent qu'il y
a moins de péril à l'attaquer avec audace
qu'à lui céder par une fausse prudence; que
la lâcheté n'a sauvé aucune des puissances
avec lesquelles il a été en contact. Oui, ils
n'ont laissé échapper aucune occasion de
donner aux souverains qu'il menaçoit, des
avis utiles, et de veiller sur eux, lors même
qu'il forçoit ceux-ci à se déclarer les ennemis de l'Angleterre.

Oui, puisque ce mot a tant de charmes
pour lui, le sang anglais a coulé à grands
flots dans plusieurs actions glorieuses, et les
champs d'Albuera font foi que l'Angleterre
sait le prodiguer quand il faut donner un
noble exemple à ses alliés, lorsqu'il faut leur
apprendre de quelle manière ils doivent se

sauver. C'est ainsi qu'elle, répond quand le moment en est venu, à l'accusation d'égoïsme qui lui est faite, lorsque tout autre grief manque à la rage de son éternel ennemi. Mais il n'est pas vrai qu'aucun des trois royaumes soit dégarni de troupes par les expéditions faites dans la péninsule. L'armée anglaise, toujours recrutée au milieu d'une population nombreuse, loyale, patriote, libre et élevée dans la haine des tyrans, est inépuisable.

En vain on cherche à comparer, à assimiler l'Angleterre à Carthage, afin que, par ces sortes de parallèles, l'Europe soit effrayée d'avance sur le sort futur d'un pays destiné à la sauver par sa valeur, sa persévérance, son esprit public et ses impérissables ressources; l'Europe éclairée rejette ces futiles rapprochemens historiques, qui sont inapplicables à son organisation actuelle. Si l'on vouloit s'arrêter un instant à discuter ces allusions déclamatoires, on demanderoit si Carthage fut jamais détruite par un roi de Rome ou par un des empereurs romains? Si, dans la guerre actuelle, il s'est montré des Fabius, des Paul Emile, des Scipion; on le demande à tout homme impartial, est-ce dans le camp français ou dans le camp bri-

tannique que se sont fait remarquer les vertus qui caractérisent ces grands personnages
de l'antiquité, la prudence, le désintéresse-
ment (1), la continence, le respect pour les
dieux ?

Les braves qui ont survécu de ces six bataillons anglais (2) dont le sang a coulé à

---

(1) S. A. R. le prince régent du Portugal vient de
conférer à trois officiers britanniques des marques honorables de sa bienveillance et de sa reconnoissance de
leurs services distingués dans la glorieuse cause de la
péninsule. Lord Wellington a été créé comte de Vimer
avec une pension de 30,000 crusades) le maréchal Béresford, comte de Francoso, avec une pension semblable, et le colonel Trant, chevalier de l'ordre de la Croix
et de l'Epée. Lord Wellington refusa en 1809, le traitement de capitaine-général en Espagne, (3000 livres
sterling par an) que la Junte centrale lui offrit. Il a également refusé le traitement de maréchal-général du Portugal qui monte à plus de 8000 livres sterling par an,
et dont les arriérés s'élèveroient au-dessus de 20,000
livres sterling. Et cependant lord Vellington a prouvé
au parlement, que malgré ses services dans l'Inde et en
Danemarck, et les émolumens dont il a joui, sa fortune
personnelle ne monte pas à plus de 1500 livres sterling
par an. En pourroit-on dire autant des maréchaux qu'il
a vaincus ?

(2) Le 1er bataillon du 3e régiment eut 643 hommes
tués, blessés ou pris ;

8

flots à la bataille d'Albuera ; pour rétablir le combat et arracher la victoire aux Français, ne peuvent-ils pas aujourd'hui inscrire sur la tombe de leurs camarades ce que la Grèce reconnoissante lisoit sur le monument des compagnons de Léonidas : « Passant, vas » dire à l'Europe que, frappés d'honorables » blessures, ils sont morts où ils avoient » combattu, et qu'ils ont jonché la terre de » leurs corps pour défendre les saintes lois » de l'humanité et de l'alliance ? »

Ah ! si quelques anciens faits historiques pouvoient s'assimiler aux atrocités des temps modernes, ce ne seroit certes pas à Rome ni à Carthage qu'il faudroit les rechercher ; ce seroit bien plutôt à Salamine, où *le grand roi* se vit défait par une poignée de patriotes alliés, également habiles à combattre sur mer et sur terre ; ce seroit à Platée , où trois cent mille hommes, reste de huit cent mille *qu'il avoit aussi, lui, sous les armes*, furent exterminés, malgré tous les talens de son lieutenant Mardonius, jusque-là le favori de la victoire.

Les 2 bataillons du 7ᵉ en perdirent 606 ;
Le 1ᵉʳ bataillon du 57ᵉ en perdit 428 ;
Et les deux bataillons du 48ᵉ en perdirent 623.

Déjà, depuis long-temps, la lutte a été décidée *sur les champs de bataille de l'Océan.*
Elle est aujourd'hui transportée sur les montagnes de la péninsule ; et c'est-là que,
sous les auspices du génie tutélaire de la
Grande-Bretagne, elle sera prolongée aussi
long-temps qu'il plaira au maître des destinées humaines d'inspirer aux Espagnols et
aux Portugais les passions qui ennoblissent,
élèvent et agrandissent l'homme, c'est-à-
dire, la haine des oppresseurs, des bourreaux et des usurpateurs.

Et, comment cette haine ne seroit-elle pas
inextinguible ? Ce n'est pas seulement dans
leur fierté, dans leur honneur, dans leur
dignité, que ces nations ont été blessées :
c'est dans leurs affections domestiques,
c'est dans les objets qui remplissent tout
le cœur de l'homme, et sans lesquels la
vie ne seroit qu'un fardeau insupportable ;
c'est dans le sein de leurs familles, dans
leurs foyers que les atteintes les plus cruelles
leur ont été portées. Lorsqu'on leur a en-
levé tout ce qu'elles pouvoient aimer, on
ne leur a laissé que la faculté de haïr et le
désir de se venger. L'autel sur lequel Anni-
bal jura d'exterminer les Romains, n'étoit

rien auprès de la solennité avec laquelle
chaque individu espagnol et portugais pro-
nonce lui-même aujourd'hui ses vœux en
secret, et devant l'Éternel seul. Ah! ces ser-
mens fondés sur des sentimens aussi poi-
gnans, des sentimens qui puisent leur source
dans la nature, sont bien plus puissans que
ces vains traités que dicte l'intérêt du jour,
et que désavoue l'intérêt du lendemain. Il
n'est point de lendemain pour un fils, pour
un père, pour un époux, pour un frère ou-
tragé.

Combien aussi elle est digne d'admiration, cette nation qui, n'ayant rien à appré-
hender pour elle, sent pour autrui, partage
les émotions, les peines des malheureux, et
qui, d'une extrémité de l'Europe à l'autre,
malgré les outrages, les calomnies, les menaces dont elle est continuellement assaillie,
ne cesse de fixer les regards, les vœux et
les espérances de l'espèce humaine toute
entière; on a presque dit de la cour et du
sénat même du tyran!

« Que sont quelques années, » nous dit-on
aujourd'hui, « *quand il s'agit d'un continent?* » Ainsi, changeant de ton et de plans,
suivant la victoire ou la défaite, ce qui de-

voit être autrefois l'ouvrage d'un regard de
l'aigle, doit être aujourd'hui celui des années!
le foudre de Jupiter doit être remplacé par
la faulx du Temps! C'est ce vieillard impi-
toyable qui doit moissonner à la fin, non plus
la péninsule, entendez bien ceci, peuples de
l'Europe, mais le continent tout entier : il s'a-
git d'un continent.

Enfin, on ne menace donc plus qu'indi-
rectement, qu'à la fin d'un espace de temps
indéterminé, l'île puissante qui avoisine,
surveille, protège et sauvera le continent!
Gloire à l'Eternel, qui a opposé au tyran
de l'Europe une barrière contre laquelle
viennent se briser, depuis tant d'années, sa
rage et ses efforts! S'il n'est aucun coin du
continent où sa fatale influence n'ait pénétré,
et qui n'ait été ensanglanté par sa cruelle
ambition, il falloit, pour la consolation de
l'humanité et pour témoigner de la justice de
la Providence, qu'il y eût un pays inacces-
sible à ses insultes et à ses fureurs ; qui servît
de contre-poids à sa puissance colossale et
d'obstacle à ses progrès ; qui, ayant avec les
peuples un moyen de communication que nul
pouvoir ne peut intercepter, leur portât des
secours quand ils s'insurgeoient contre lui ;
soulevât leur indignation, animât leur résis-

tance ; un pays, enfin, et des alliés loyaux
et intrépides, qui eussent autant d'énergie
qu'il a de violence, et dont l'exemple montrât
aux nations prosternées sous son sceptre de
fer, tout ce qu'on peut oser et faire, avec
succès, contre lui quand on ne se laisse ni
séduire par les prestiges de sa fortune, ni
intimider par ses menaces.

Il attend, ce nouveau Salmonée, que la
moitié des familles d'Angleterre soient couvertes d'un voile funèbre pour faire entendre
son tonnerre. Eh bien ! puisqu'il détourne
ses yeux du deuil éternel dans lequel il
plonge lui-même les familles françaises, qu'il
soit satisfait, qu'il jouisse ; le sang anglais,
qui a déjà coulé à grands flots, saura couler
encore ; il ne tarira jamais, quand il devra
être répandu pour la cause de la justice et de
l'humanité ! Déjà le défi insultant qui est fait
aux familles de l'Angleterre, semble y avoir
excité la plus généreuse émulation. Que le
cœur du tyran, dont la soif de sang paroît
être insatiable, s'épanouisse donc à la vue
des nobles enfans de l'Angleterre, qui s'em-
pressent et s'honorent aujourd'hui d'offrir
leur sang, le sang le plus pur, le plus pré-
cieux des trois royaumes, pour la cause du

monde entier. Qu'il voie dans la liste des
nobles anglais qui le combattent, sous la
direction d'un de leurs pairs, lord Wellington, les dignes descendans des héros dont
s'honore la Grande-Bretagne, non moins
jaloux de donner de grands exemples à leurs
fils que d'imiter ceux qu'ils ont reçus de leurs
pères. Il comptera, il distinguera au quartier-
général de son illustre ennemi, outre les
nobles Portugais qui s'y trouvent en foule,
outre le prince héréditaire d'Orange, aide-
de-camp du général en chef, jeune guer-
rier, rempli d'ardeur, digne rejeton des
Nassau, destiné un jour à sceller la triple
alliance de la Hollande, du Portugal et de
l'Angleterre, qui est allé apprendre, sous
lord Wellington, comment on délivre un
pays de ses oppresseurs, comment on le
défend après l'avoir délivré, et qui pourra
en tout temps rendre témoignage à ses compatriotes de ce que la Grande-Bretagne fait
pour ses anciens alliés lorsqu'ils lui sont
fidèles : il y remarquera, disons-nous,

Un marquis de Tweedale ;

Un comte de Marsh, fils aîné du duc de
Richmond ;

Un lord Fitzroy Somerset, frère du duc
de Beaufort ;

Les lords Charles et Robert Manners, frères du duc de Rutland ;

Un lord Euston, fils aîné du duc de Grafton ;

Un lord Delaware ;

Un lord Robert Somerset ;

Un lord Blantyre ;

L'honorable général Anson ;

L'honorable général de Gray ;

L'honorable général Lowry Cole ;

L'honorable général William Stewart ;

L'honorable général Charles Stewart ;

L'honorable général Packenham ;

L'honorable général Colville ;

L'honorable général Stopford ;

L'honorable colonel Cadogan ;

Et une foule d'autres membres des premières familles des trois royaumes, qu'il seroit trop long d'énumérer.

Voilà les vengeurs, voilà les chevaliers qui se présentent aujourd'hui pour la défense de la justice, de l'humanité, des trônes et des autels ! Ainsi jadis, les demi-dieux s'armoient pour combattre les monstres qui désoloient la terre :

Salve, vera deûm proles, decus addite Divis.

FIN.

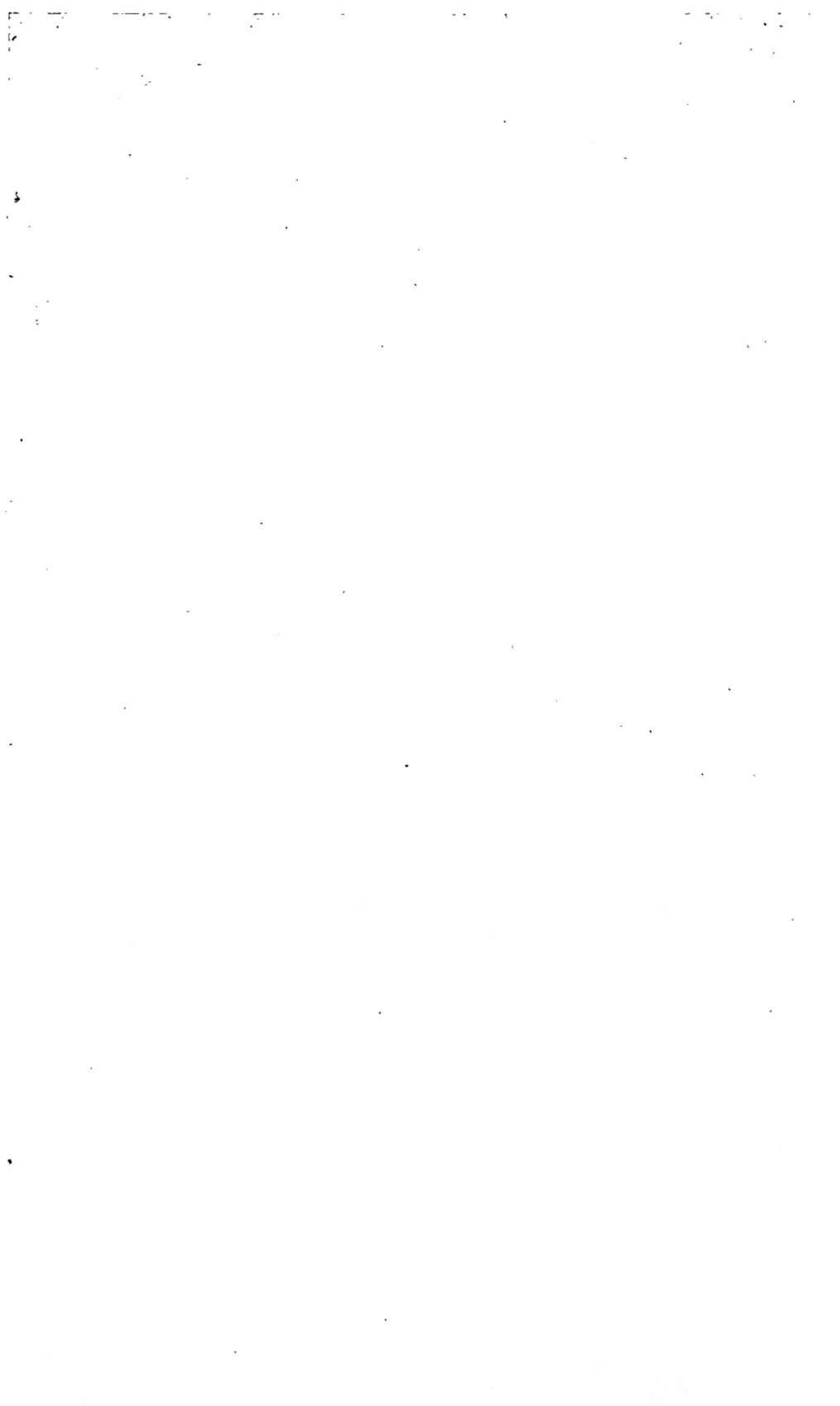

www.ingramcontent.com/pod-product-compliance
Lightning Source LLC
Chambersburg PA
CBHW071836090426
42737CB00012B/2265